欧亚历史文化文库

总策划 张余胜

兰州大学出版社

走向陌生的地方

——内陆欧亚移民史话

丛书主编 余太山

杨军 编著

图书在版编目(CIP)数据

走向陌生的地方:内陆欧亚移民史话/杨军编著.—兰州:兰州大学出版社,2011.4

(欧亚历史文化文库/余太山主编.2011年农家书屋文库)

ISBN 978-7-311-03671-3

Ⅰ.①走… Ⅱ.①杨… Ⅲ.①移民—历史—欧洲②移民—历史—亚洲 Ⅳ.①D750.38②D730.38

中国版本图书馆CIP数据核字(2011)第067538号

总 策 划 张余胜

书　　名 走向陌生的地方
——内陆欧亚移民史话
丛书主编 余太山
作　　者 杨 军 编著
出版发行 兰州大学出版社 (地址:兰州市天水南路222号 730000)
电　　话 0931-8912613(总编办公室) 0931-8617156(营销中心)
0931-8914298(读者服务部)
网　　址 http://www.onbook.com.cn
电子信箱 press@lzu.edu.cn
印　　刷 兰州新华印刷厂
开　　本 710×1020 1/16
印　　张 11.75
字　　数 162千
版　　次 2011年6月第1版
印　　次 2011年6月第1次印刷
书　　号 ISBN 978-7-311-03671-3
定　　价 20.00元

(图书若有破损、缺页、掉页可随时与本社联系)

出版说明

随着20世纪以来联系地、整体地看待世界和事物的系统科学理念的深入人心，人文社会学科也出现了整合的趋势，熔东北亚、北亚、中亚和中、东欧历史文化研究于一炉的内陆欧亚学于是应运而生。时至今日，内陆欧亚学研究取得的成果已成为人类不可多得的宝贵财富。

当下，日益高涨的全球化和区域化呼声，既要求世界范围内的广泛合作，也强调区域内的协调发展。我国作为内陆欧亚的大国之一，加之20世纪末欧亚大陆桥再度开通，深入开展内陆欧亚历史文化的研究已是责无旁贷；而为改革开放的深入和中国特色社会主义建设创造有利周边环境的需要，亦使得内陆欧亚历史文化研究的现实意义更为突出和迫切。因此，将针对古代活动于内陆欧亚这一广泛区域的诸民族的历史文化研究成果呈现给广大的读者，不仅是实现当今该地区各国共赢的历史基础，也是这一地区各族人民共同进步与发展的需求。

甘肃作为古代西北丝绸之路的必经之地与重要组

成部分，历史上曾经是草原文明与农耕文明交汇的锋面，是多民族历史文化交融的历史舞台，世界几大文明（希腊—罗马文明、阿拉伯—波斯文明、印度文明和中华文明）在此交汇、碰撞，域内多民族文化在此融合。同时，甘肃也是现代欧亚大陆桥的必经之地与重要组成部分，是现代内陆欧亚商贸流通、文化交流的主要通道。

基于上述考虑，甘肃省新闻出版局将这套《欧亚历史文化文库》确定为2009—2012年重点出版项目，依此展开甘版图书的品牌建设，确实是既有眼光，亦有气魄的。

丛书主编余太山先生出于对自己耕耘了大半辈子的学科的热爱与执著，联络、组织这个领域国内外的知名专家和学者，把他们的研究成果呈现给了各位读者，其兢兢业业、如临如履的工作态度，令人感动。谨在此表示我们的谢意。

出版《欧亚历史文化文库》这样一套书，对于我们这样一个立足学术与教育出版的出版社来说，既是机遇，也是挑战。我们本着重点图书重点做的原则，严格于每一个环节和过程，力争不负作者、对得起读者。

我们更希望通过这套丛书的出版，使我们的学术出版在这个领域里与学界的发展相偕相伴，这是我们的理想，是我们的不懈追求。当然，我们最根本的目的，是向读者提交一份出色的答卷。

我们期待着读者的回声。

总序

本文库所称“欧亚”(Eurasia)是指内陆欧亚,这是一个地理概念。其范围大致东起黑龙江、松花江流域,西抵多瑙河、伏尔加河流域,具体而言除中欧和东欧外,主要包括我国东三省、内蒙古自治区、新疆维吾尔自治区,以及蒙古高原、西伯利亚、哈萨克斯坦、乌兹别克斯坦、吉尔吉斯斯坦、土库曼斯坦、塔吉克斯坦、阿富汗斯坦、巴基斯坦和西北印度。其核心地带即所谓欧亚草原(Eurasian Steppes)。

内陆欧亚历史文化研究的对象主要是历史上活动于欧亚草原及其周邻地区(我国甘肃、宁夏、青海、西藏,以及小亚、伊朗、阿拉伯、印度、日本、朝鲜乃至西欧、北非等地)的诸民族本身,及其与世界其他地区在经济、政治、文化各方面的交流和交涉。由于内陆欧亚自然地理环境的特殊性,其历史文化呈现出鲜明的特色。

内陆欧亚历史文化研究是世界历史文化研究中不可或缺的组成部分,东亚、西亚、南亚以及欧洲、美洲历史文化上的许多疑难问题,都必须通过加强内陆欧亚历史文化的研究,特别是将内陆欧亚历史文化视做一个整体加以研究,才能获得确解。

中国作为内陆欧亚的大国,其历史进程从一开始就和内陆欧亚有千丝万缕的联系。我们只要注意到历代王朝的创建者中有一半以上有内陆欧亚渊源就不难理解这一点了。可以说,今后中国史研究要有大的突破,在很大程度上有待于内陆欧亚史研究的进展。

古代内陆欧亚对于古代中外关系史的发展具有不同寻常的意义。古代中国与位于它东北、西北和北方,乃至西北次大陆的国家和地区的关系,无疑是古代中外关系史最主要的篇章,而只有通过研究内陆欧亚史,才能真正把握之。

内陆欧亚历史文化研究既饶有学术趣味,也是加深睦邻关系,为改革开放和建设有中国特色的社会主义创造有利周边环境的需要,因而亦具有重要的现实政治意义。由此可见,我国深入开展内陆欧亚历史文化的研究责无旁贷。

为了联合全国内陆欧亚学的研究力量,更好地建设和发展内陆欧亚学这一新学科,繁荣社会主义文化,适应打造学术精品的战略要求,在深思熟虑和广泛征求意见后,我们决定编辑出版这套《欧亚历史文化文库》。

本文库所收大别为三类:一,研究专著;二,译著;三,知识性丛书。其中,研究专著旨在收辑有关诸课题的各种研究成果;译著旨在介绍国外学术界高质量的研究专著;知识性丛书收辑有关的通俗读物。不言而喻,这三类著作对于一个学科的发展都是不可或缺的。

构建和发展中国的内陆欧亚学,任重道远。衷心希望全国各族学者共同努力,一起推进内陆欧亚研究的发展。愿本文库有蓬勃的生命力,拥有越来越多的作者和读者。

最后,甘肃省新闻出版局支持这一文库编辑出版,确实需要眼光和魄力,特此致敬、致谢。

余太山

2010年6月30日

目录

导言

《圣经》中提到，在人类为大洪水所毁灭之后，挪亚及其3个儿子从挪亚方舟中走出，繁衍后代，人类才又一次布满大地。而目前的DNA研究指出，可能人类的祖先最早是在非洲，当今世界上的60亿人口，都出于这些来自非洲的为数不多的共同祖先。但不管怎么说，《圣经》和科学研究似乎都表明，人类散布于大地是迁徙的结果，他们并不是在全球的很多地方各自独立形成的。我们可以说，人类迁徙的历史与人类自身的历史一样古老，并且贯穿人类历史的始终。正是在没有任何交通工具的时代，人类凭借自己的双腿走向遥远的陌生地方，并慢慢地布满地球的每一个角落。

既然研究者都将人类的起源地确定在非洲，那么，包括中国在内的远离非洲的东亚地区，有人类居住的历史就不仅要晚于非洲，而且还要晚于西亚、中亚、南亚，甚至是东南亚，可能仅早于美洲，因为那里的古人类，也就是印第安人的祖先，是自东亚迁往的。

对于中国大地人类的来源地，有的学者认为，当是自非洲迁至西亚两河流域的一支古人类，通过中亚和今中国新疆地区，最终迁入黄土高坡，并由这里逐渐散布到中国各地；也有的学者认为，中国大地上的人类最初可能是自南亚沿雅鲁藏布江河谷北上，最初居住在今青藏高原的边缘地带，并由这里逐渐向东部的平原扩散；或者可能是自东南亚，经今越南北部地区逐渐北上，散布于长江流域的。但由于没有什么坚实的证据，而且那个时代尚未发明文字的古人类也不可能留下任何历史记载，所有的结论都还只不过是一种猜测。

认为人类起源于非洲、通过迁徙而最终散布全球的学者们，似乎也没有人能够解释，为什么人类存在白种人、黄种人和黑种人的差异。换言之，困扰我们的问题是，人类是在何时、因为何种原因而产生了人种的分化，这似乎也没有一个令人信服的答案。

不过有一点却是基本可以肯定的，古人类迁徙的动力是为了便于获得食物，是生存的压力将他们驱赶到了全球的各个地方，而这也一直是人类进行迁徙的最重要原因之一。从这个意义上说，在大约三四万年以前，追随其猎物走向冰天雪地，并最终穿越冰封的白令海峡进入美洲的古人类，与近两千年前，从蒙古草原西行，历时数世纪，最终进入欧洲并在那里建立起自己帝国的匈奴人，和百余年前为谋生而迁往东南亚，甚至远赴美国的中国移民，并不存在本质的区别。也许，推动人类进步的原动力，就是人的生存张力。

尽管人类起源于非洲，并在数万年前已经完成了散布于全球的迁徙，并广布于美洲各地，但不可否认，在仅有数千年的人类文明史中，亚洲、欧洲以及撒哈拉沙漠以北的非洲，才是人类历史最重要的舞台。几乎所有比较重要的、达到较高成就的人类文明，都出现在这一地区，几乎所有影响人类历史进程的重要事件都出现在这一地区，几乎所有当今闻名世界的历史伟人也都出现在这一地区。如果我们将地中海视为欧洲和北非的内海，而将欧亚大陆的边界“南移”至撒哈拉沙漠的话，可以说，这个扩大版的欧亚大陆几乎就是人类文明在历史上所占据的空间。

美国著名人类学家博厄斯曾经指出：人类的历史证明，一个社会集团，其文化的进步往往取决于它是否有机会吸取邻近社会集团的经验。不同的民族与文化之间，交流越是多样化，相互学习的机会越多，其发展也就越迅速。亚欧大陆之所以成为人类文明的重要舞台，最主要的原因正是在于，这一片相连接的广阔陆地，为生活在其中的各个民族的交往和交流提供了最大的便利，这是为海洋或沙漠所阻隔的美洲、大洋洲以及撒哈拉沙漠以南的非洲所不具备的地理优势，而这对于人类文明的发展却是至关重要的。在没有传媒的时代，民族迁徙可以说是最为重要的文明互动形式，换言之，欧亚大陆内部复杂的民族迁徙活动，是欧亚大陆得以成为人类文明核心区的重要原因之一。

有人说，位于东经 87°19′52″、北纬 43°40′37″，乌鲁木齐市西南郊 30 公里的永丰乡包家槽子村，是欧亚大陆的地理中心。我们不知道这一结果是如何测量出来的，但通过对欧亚大陆的历史进行研究，我们确实可以发现，与此处相关的历史上的移民活动，曾对欧亚大陆的历史产生过极为重要的影响。

学界对欧亚大陆内部的民族迁徙问题研究很多，也很深入，并在不断地取得新的学术突破，但这些研究在学术圈子之外却鲜为人知。本书的写作目的，就是要将学界前辈的研究成果，以通俗易懂的形式介绍给非专业的读者，以期使更多的人了解欧亚大陆内部的移民史。但限于篇幅，本书将不包括仅与海洋有关的迁徙，以及仅限于沿海地区的迁徙。我们所叙述的内容将基本限定在学界所说的"内陆欧亚"的空间范围之内，因而自然也不会包括北非，尽管那里曾出现过人类四大文明古国之一的古埃及。

由于本书是为那些不从事专业研究的读者而写，我们不想用繁琐的考证和注释来破坏读者的阅读心情，因此没有依照学界惯例，在行文中对所参考的资料一一注明，而是以参考文献的形式将我们所参考的著作附于书后，这是我们需要对所参考著作的各位作者表示歉意的。

最后需要说明的是，内陆欧亚的移民史远比本书叙述的更为复杂，我们只是从中择取了规模宏大的民族迁徙，作了一番粗略的勾勒，如同是粗线条的简笔画，为适应现代人快速的生活节奏和阅读习惯，我们省略了许多细节，希望读者能够喜欢这种风格。

1 从远古走过

当人类还在使用打制石器的时候，就已经分散到全球的大部分地区了，遗憾的是，他们是何时、通过何种方式完成的这些伟大的迁徙，我们现在还不得而知。目前，学界大体可以肯定的是，有一部分亚洲人可能通过白令海峡到达北美洲的阿拉斯加，然后扩散到南北美洲各地；另外还有一部分亚洲人从马来半岛进入爪哇并迁往大洋洲。内陆欧亚移民到底始于何时、源于何处，我们尚无从得知。不过，目前考古学和语言学的发展，已经能够为我们提供一些这方面的相关信息了。

1.1 东来西往的人群

早在18世纪末，就有欧洲学者发现，一些欧洲古代民族的语言同印度的古梵语之间存在着某种相似性。他们由此推测，在久远的过去，曾经存在一种他们称之为“原始印欧语”的无文字语言，大多数欧洲语言以及印度的古梵语，都是由这种“原始印欧语”裂变、发展而来。又有学者根据该语言当今使用族群的分布范围，将之称为印度—日耳曼语系或印度—欧罗巴语系。讲这种“原始印欧语”的人群则被称作古印欧人。

一般认为，古印欧人最初居住于黑海以北的干草原地带。后来由这里，他们分别向3个方向迁徙。

向南迁徙的一支古印欧人，大约于公元前2000年，翻越高加索山脉进入小亚细亚，形成了在西亚古代历史上非常有名的赫梯人。后来他们与当地诸民族联合，建立了包括叙利亚大部分地区和整个小亚细亚的赫梯帝国。在公元前1590年前后，他们洗劫了四大文明古国的巴比伦，后来还与同样作为四大文明古国之一的古埃及进行过长期战争，赫梯帝国在西亚一直存在到公元前的12世纪。

向东南迁徙的一支古印欧人，也是从公元前 2000 年左右开始，越过里海东岸进入伊朗高原，他们先后在幼发拉底河和底格里斯河流域以及伊朗高原确立起自己的统治，在其建立的政权中，最著名的当数波斯帝国。大约在公元前 1200 年，生活在伊朗高原的古印欧人开始越过兴都库什山脉进入印度河流域，经过漫长的战争时代，他们最终征服了当地的土著达罗毗荼人，一部分达罗毗荼人成为他们的奴隶，其余的达罗毗荼人则向印度次大陆的南端迁徙。

由于在 19 世纪古印欧人也被称为雅利安人，留居伊朗高原的部分被称为伊朗—雅利安人，进入印度次大陆的则被称为印度—雅利安人。一般认为，今印度、尼泊尔、巴基斯坦、伊朗、阿富汗等国的居民，大多与这一支古印欧人有着千丝万缕的联系。也有学者认为，最早见于中国史书《汉书》记载的“塞种”人，也是东迁的古印欧人的一支。

向西迁徙的一支古印欧人则朝向欧洲大陆各地迁移、扩散开去，他们在不同时期分批迁入欧洲各地。较早的移民大概是沿着巴尔干半岛南下，最终抵达今希腊半岛和爱琴海一带，形成上古的希腊人。后来的移民则越过阿尔卑斯山脉，进入今意大利北部，并在这里发展成为罗马人的先祖。而在阿尔卑斯山以北以及黑海北岸的古印欧人后裔，则发展为日耳曼族群和斯拉夫族群。

在 19 世纪，属于这一支古印欧人后裔的日耳曼和北欧诸民族，被视为最纯粹的“雅利安人种”。事实上，Aryan（雅利安）一词源自梵语，原本就是“高贵”的意思。后来，这一理论被希特勒和纳粹分子所利用，成为其大搞种族灭绝主义的借口。

希特勒强调，雅利安民族是优于其他民族的高等民族，应该拥有高于其他劣等民族的生存空间和机会，而犹太民族正是没落民族的代表。希特勒在《我的奋斗》一书中写道：“犹太人以前和现在都在把黑人介绍到德国的莱茵兰地区，为的是混淆白种人的血统，最终毁灭白种人。”纳粹党卫军军人的血统要求上溯到 1750 年，以保证纯正的雅利安血统。为了保证血统的纯正，党卫军内部的婚姻条例规定：党卫军军人的未婚妻必须经过遗传学领域的健康检查以后才能结婚。结果从1931年到1945年，按党卫军的严格条例，仅有24万对男女结成了夫妻。更可叹的是，为了免遭种族迫害，纳粹德国的非婚生子女数大量增多，不计其数的夫妇大曝婚外情，他们以此来表明自己孩子的雅利安血统，希望借此免除灭顶之灾。

虽然印欧语的构拟被普遍视为19世纪语言学最显赫的成绩，但是，上述由语言学的研究推导出来的族群迁徙历程，毕竟还仅仅是一种学术上的假说，是有待于进一步研究和更多证据证明的。

古印欧人迁徙的东端，在东南方向是到达了印度河流域，而在东北方向，其最终抵达何处目前还不是很清楚。但是可以肯定，在位于叶尼塞河中游的米努辛斯克盆地，已经有古印欧人后裔的活动。

米努辛斯克盆地是俄罗斯东西伯利亚克拉斯诺亚尔斯克边疆区南部的山间盆地，发源于蒙古国、流入北冰洋的叶尼塞河流经其中。目前，考古学家们基本可以肯定，米努辛斯克盆地存在先后更迭的3种考古学文化，即：公元前3千纪中叶至末叶的阿凡纳谢沃文化、公元前2千纪上半叶的奥库涅夫文化，以及公元前2千纪中叶的安德罗诺沃文化。大约在公元前1800年，阿凡纳谢沃文化被来自北方森林草原地带的奥库涅夫文化取代；而在约公元前1600年兴起的安德罗诺沃文化，又取代了奥库涅夫文化。

我们需要注意的是，有证据表明，阿凡纳谢沃文化的主人属于古印欧人的一支，奥库涅夫文化的主人则属于蒙古人种，是目前我们所知道的阿尔泰语系民族最古老的部落之一，而安德罗诺沃文化却又是属于印欧人种的文化。换言之，从公元前3千纪至公元前2千纪中叶，米努辛斯克盆地的主人开始是高加索人种，即通常所说的白种人，而后蒙古人种进入该地区，但经历数世纪之后，这里再度成为白种人的居住区。从白种人和黄种人交替迁入该地区的情况来看，这里很可能就是白种人和黄种人分布区的过渡地带。

从《汉书·西域传》的记载来看，在大月氏人到来以前，在今天的伊犁河、楚河流域活动的是所谓塞种人。也有学者认为，中国史书所记载的塞种人，就是见于希罗多德《历史》记载的Scythia（斯基泰）人，也就是见于波斯贝希斯顿铭文的Saka（萨迦）人。而塞种人的分布，最东也许曾经达到今新疆的东部地区。一般认为，塞种人是在古印欧人向东方的迁徙中走得最远的一支，如果这种说法能够成立的话，那么可以说，古印欧人的迁徙向东也曾进入今天中国的境内。

贝希斯顿铭文（Behistun Inscriptions），刻于今伊朗克尔曼沙阿以东32公里的贝希斯顿村附近的山崖上，是波斯阿契美尼德王朝（Achaemenids）大流士一世在位时（Darius Ⅰ，公元前522—前486年）所建立的记功石刻，用楔形文字、新埃兰文和古波斯文3种文字刻写。铭文约1200行，是研究古波斯帝国历史的珍贵资料。

1835年，年仅25岁的英军少校罗林森，在一次偶然的机会中发现了贝希斯顿铭文，并冒着生命危险攀登高崖拓印。1843年，罗林森解读了铭文中的古波斯文，又通过将古波斯文与楔形文字对照的方式，解读了楔形文字，从此解开了楔形文字之谜。

中国学者余太山先生在《古族新考》一书中论证了另一种见解，认为公元前7世纪末出现在伊犁河、楚河流域的塞种诸部可能来自东方，见于波斯贝希斯顿铭文的几个塞种人部落：Asii，Tochari，Gasiani和Sacarauli，其前身可能就是中国先秦典籍中所记载的允姓之戎、大夏、禺知和莎车，他们都是在秦穆公称霸西戎的时候开始西迁至伊犁河、楚河流域的。而允姓之戎、大夏、禺知的族源，可以分别上溯至中国古史传说中的少昊氏、陶唐氏和有虞氏，也就是说，他们是与尧舜同源的部族。如果此说成立的话，那么塞种人就是原来居住在中国东方的部

族西迁中亚的先驱，而不是古印欧人东迁的排头兵了；更令我们惊奇的是，作为中国文明起源象征的尧舜禹三位大圣人中，竟然可能有两位与后来远在中亚的塞种人具有血缘关系，更有可能是白种人！

塞种人到底来自于东方还是西方，我们难下定论，总之，这一族群是在经过一系列迁徙之后，才定居伊犁河、楚河流域的。

学界通常认为，在公元前7世纪后期，在包括蒙古高原至黑海北岸的广大地域里，发生过一次“多米诺”式的民族迁徙浪潮。在阿里玛斯波伊人(Arimaspea)的进逼之下，伊塞顿人(Issedones)不得不西迁，并驱逐了马萨革泰人(Massagetae)，马萨革泰人(Massagetae)在向西迁徙的过程中击败了斯基泰人，而后者又将辛梅利安人(Cimmerian)赶往欧洲。可是，这些见于西方史籍的东方民族的来龙去脉，现在我们已经无从考究了。

《史记·秦本纪》记载，西戎绵诸王派由余出使秦国，秦穆公发现由余很贤能，想要他归附秦国，因而采用内史廖的策略，一面将由余留在秦国，一面派人送女乐给绵诸王，使之沉迷于女色与酒乐，不理政事，然后才送由余回国。由余劝谏绵诸王，却得不到听从，最终投靠了秦国。秦穆公以客礼待由余，在公元前623年，秦穆公采纳由余的计策进攻西戎，“益国十二，开地千里，遂霸西戎”。很多学者认为，秦国对西戎的进攻，是导致上述一系列民族迁徙的“原动力”。最初西迁的阿里玛斯波伊人就是中国史书所载的“鬼方”或者“绲戎”。

但是，对于导致这一系列民族迁徙的阿里玛斯波伊人，希罗多德在《历史》一书中提到，“阿里玛斯波伊”是斯基泰语，意思是“一目”。因此，有的学者认为，阿里玛斯波伊人就是《山海经·海外北经》中记载的“一目国”，有的学者认为他们可能是蒙古高原西部阿尔泰山一带的突厥语部落，可能是匈奴人的祖先，也有的学者认为，他们就是中国古史中的“猃狁”；但无论将之视为匈奴人的祖先还是将之视为“猃狁”，他们都应该来自蒙古高原或者是鄂尔多斯高原，从地理方位上看，他们似乎不会是秦穆公进攻的对象。

鬼方，商周时期活动在山西北部及我国西北地区的一个古老民族，其势力西及陇西及渭水流域。上自商周，下至春秋，鬼方与中原王朝时有战争，时有交往和通婚。在被商王武丁打败以后，鬼方发生迁徙，可能部分融入华夏民族之中。

绲戎是犬戎的一支，在商代居住在汾水流域及其西部。段连勤先生认为，犬戎是畎族由东方向西方迁徙时留下的足迹。夏末商初，犬戎开始向西部的关中迁徙，后被秦国征服，部分可能迁往他处。猃狁可能也是犬戎的一支，活动于今陕、甘一带。周宣王曾组织军队对猃狁进行过军事打击。有学者认为，猃狁是匈奴族的先世。

究竟这一系列民族迁徙最初的诱因是什么，恐怕是我们永远无法搞清楚的历史之谜了。但从宏观背景来看，也许我们可以说，这一系列的民族迁徙意味着，此前古印欧人的东迁，由于受到东方部族的反击，至此告一段落，这一系列的民族迁徙，就是东方的古印欧人的后裔逐渐西撤的过程。

从考古资料来看，也许东方部族开始西进的时间比这还要早数世纪。一般认为，继安德罗诺沃文化之后兴起的卡拉苏克文化（Karasuk Culture），其创立者就是来自中国北部的蒙古人种部族与当地原有住民的混血种。

由此看来，西伯利亚地区的移民运动，至少经历了两次白种人的东迁和两次黄种人的西迁，由此留下了阿凡纳谢沃文化、奥库涅夫文化、安德罗诺沃文化和卡拉苏克文化这 4 种考古学文化。正如本书在后面的章节中还要详细介绍的，白种人与黄种人在西伯利亚势力的消长所导致的这种“东奔西走”式的移民运动，在以后的历史时期里还要反复进行许多次，直到最后，在蒙古族兴起之后，蒙古草原才真正地成为蒙古人种的草原。

有学者认为，见于贝希斯顿铭文的 Asii，可能就是驱逐了马萨革泰人的伊塞顿人,因为伊塞顿人(Issedones)也曾被希腊学者写作 Assedones,而 Asii 就是 Assedones 的简写。另一个见于贝希斯顿铭文的塞种人部落 Tochari,多数学者认为,就是后来活动于中亚与新疆一带的吐火罗人。赴印度取经的玄奘,就是民间习称的唐僧三藏,还曾途经吐火罗人的故地,只不过在他所著的《大唐西域记》一书中,是将吐火罗写作"覩货逻"的。但不管怎么说,可以肯定,Asii 和 Tochari 都是塞种人的部落,我们不清楚他们来自何处,但他们在上述迁徙之后定居于伊犁河、楚河流域则是可以肯定的。

根据古希腊历史学家们的记载,斯基泰人从辛梅利安人手中夺走了南俄罗斯草原,将后者赶到今天匈牙利境内,而见于中国史书记载的塞种人从此居住在伊犁河、楚河流域。如果我们认为斯基泰人就是中国史书中的塞种人,那么,在此系列民族迁徙之后,这一族群占据了西起南俄草原、东至今天中国新疆西部的广大地区,达到其发展的鼎盛时代。由于联系东方与欧洲的草原之路,最早大部分是在斯基泰人的控制区内,因而这一通道也被习惯称为"斯基泰之路"。学界在叙述草原帝国的历史时,也习惯于从斯基泰人说起。

根据希罗多德的记载,取代斯基泰人地位的,是斯基泰人与阿玛松人(Amazon)的混血后裔萨尔马提亚人。不过学者们倒是倾向于认为,萨尔马提亚人也是斯基泰人的一支。

希罗多德《历史》记载,阿玛松人(Amazon)是一个纯女性部落,她们以在战斗中杀死男人为荣。为了不妨碍拉弓,她们甚至将自己的右乳割去。她们传续后代的方法,是靠定期访问邻近民族的男性而完成的。如果生下女儿就留下,生下儿子就送回到父亲那里去。阿玛松人的一支后来与斯基泰男青年们结合,才形成了萨尔马提亚人。萨尔马提亚人的女性还在一定程度上保持着母系的强悍,处女们一定要等到在战争中亲手杀死一个敌人才肯结婚。

也有学者从经济类型的角度入手进行研究，将上述以古印欧人的迁徙为代表的一系列民族迁徙运动，理解为游牧世界对农耕世界的冲击。

应该说，自从人类由食物的收集者转化为食物的生产者开始，就已经存在着以农耕为主还是以畜牧为主的经济类型方面的差异。在经过数千年的缓慢发展之后，在亚欧大陆，逐渐形成了以农耕经济为主的农耕世界和以游牧经济为主的游牧世界。

吴于廑认为，中国由黄河流域至长江流域，印度次大陆是由印度河流域至恒河流域，西亚、中亚由安那托利亚至伊朗、阿富汗，欧洲则是由地中海沿岸至波罗的海之南，由不列颠至乌克兰，在亚欧大陆的偏南部分，形成了一个长弧形的农耕世界。在这个农耕世界的北方，几乎和农耕世界相平行，东起西伯利亚，经中国的东北，蒙古，中亚，咸海、里海之北，高加索，南俄罗斯，直到欧洲中部，形成了游牧世界。自西向东的诸山脉，大兴安岭、燕山、阴山、祁连山、昆仑山、兴都库什山、萨格罗斯山、高加索山，以及欧洲的喀尔巴阡山脉，构成了两个世界之间的分界线。

在公元前，游牧世界至少两次发起对农耕世界的大规模入侵浪潮，第一次大约是在公元前1700年至公元前1500年之间，第二次大约是在公元前1200年至公元前1100年之间。而我们前面所介绍的古印欧人的迁徙，基本上都处于这一时间段之内。需要强调的是，从移民史的角度说，游牧世界对农耕世界的每次大规模入侵浪潮，同时也就是由游牧世界迁往农耕世界的大规模移民浪潮。这两个世界的碰撞，以及给农耕世界注入新鲜血液的游牧民族的迁徙，构成古代亚欧大陆发展的动力之一。

1.2 亚历山大东征

公元前336年夏，马其顿国王腓力二世(Philip Ⅱ，公元前382—前336年)在女儿的婚礼上突然遇刺身亡，刚满20岁的亚历山大继承了王位，这就是后来建立地跨亚欧非三大洲的帝国的亚历山大大帝。

在平定了希腊诸城邦的叛乱之后，公元前334年春，亚历山大渡过赫勒斯滂海峡（今达达尼尔海峡），开始了他那长达10年之久的东征。

据说，在出征前，亚历山大把自己所有的地产收入、奴隶和畜群全部分赠他人。有位将领问道："陛下，您把所有的东西分光，把什么留给自己呢？"亚历山大的回答是："希望！"他满怀希望地开始了他的东征，至公元前330年，灭亡了强大的波斯帝国。

公元前550年，居鲁士领导波斯各部落推翻米堤亚王国，建立了阿契美尼德王朝，定都苏萨，是为波斯帝国之始。经过一系列的对外扩张，在其鼎盛时期，波斯帝国的疆域东起印度河，西至爱琴海及非洲东北部的埃及，成为地跨亚欧非三洲的大帝国。但公元前5世纪初，在对希腊城邦的希波战争中战败。公元前4世纪以后，帝国走向衰落。公元前330年，末代君主大流士三世被东征的亚历山大大帝击败，为自己的部将所杀，这标志着古波斯帝国的灭亡。

公元前330年，亚历山大为了完成他对全部波斯世界的征服，并号称为大流士的被谋杀复仇，挥军进入中亚。在经过两年的纵横征战之后，马其顿部队艰难跋涉越过兴都库什山，冲入印度河流域。但是，在印度的比亚斯河，虽然赢得了胜利但却疲惫不堪的部队拒绝继续前进，亚历山大不得不结束他的东征，率军返回。

亚历山大的东征，不仅是人类历史上一次伟大的军事行动，同时也导致了马其顿—希腊人的大举东迁。随亚历山大东征的士兵大多没有再返回本土，而是与当地妇女结婚，并从此在东方生活。在波斯的首都苏萨，在一次盛大的"结婚典礼"上，亚历山大与波斯国王大流士的女儿斯塔提拉结婚，他手下的许多将领和士兵也在同一天娶了波斯妇女，据称这一天举行婚礼的新人达1万对之多。在阿富汗首都喀布尔东北的努里斯坦地区，在一些与世隔绝的河谷地带里生活的居民，很多人至今还有着金色或红色的头发，蓝色或介于中间颜色的眼睛。

欧洲学者认为，他们就是亚历山大军团的后裔。其本土的传说，还有那些在神话、音乐和体育方面可感知的与古希腊的相似性，似乎也都能证明这种观点。

亚历山大还修筑了许多以他的名字命名的城市来驻扎他的士兵，仅在今阿富汗境内，就包括在今天的赫拉特附近的亚历山大·阿里亚城（Alexandria Arion），坎大哈地区的亚历山大·阿拉霍西亚城（Alexandria Arachosia），还有喀布尔河谷地带的亚历山大·德库卡苏姆城（Alexandria ad Caucasum）。

公元9—10世纪的阿拉伯学者伊本·胡尔达兹比赫认为，亚历山大东征时，已经进入中国的西藏，可能还包括中国其他地区，但其记载却很难令人相信。

伊本·胡尔达兹比赫："祖革尼（指亚历山大）就把效忠自己的30000人留在印度国，自己率领军队向吐蕃国进发。吐蕃的众王之王迎接了他……他引导亚历山大去旷野突厥人那里去，因为诸城的突厥人已经臣服于他。……亚历山大让自己的一位近臣与吐蕃王共10000人作为前锋，向中国进发。……中国国王表示服从，并满足了他的要求，即割让出国土的十分之一给亚历山大。……中国国王给他的物品为1000000柄宝剑，1000000块丝绸，500000块缎子，1000000麦纳的白银。"

转引自张云《上古西藏与波斯文明》

在东征结束以后，追随亚历山大的民众和驻军都留了下来，这次武装移民的总数尚难以估计，但可以肯定的是，仅在中亚的巴克特里亚地区，亚历山大的部队就有13000人留居那里。甚至在亚历山大帝国崩溃以后，希腊文化依然在亚洲得到不断传播，因此，历史学家将从亚历山大开始到埃及被罗马征服为止的这一段时间（公元前323—前3年），称为希腊化时代。由此文化的变迁中我们也可以看出，当年进入

东方的马其顿—希腊移民的数量一定是相当可观的。

公元前 323 年 6 月，亚历山大在巴比伦突然患恶性疟疾，从发病到去世仅 10 天，死时年仅 33 岁。据说他遗命部下，在其棺材两侧留上孔将其两只手伸出，以表示他虽然建立起庞大的帝国，却仍不免两手空空地离去。而在他去世以后，亚历山大帝国也为其部将所瓜分，分为 4 个部分，卡山得统治希腊，吕辛马库斯占据色雷斯，被称为“胜利者”的塞琉古一世（Seleucus Ⅰ）得到了美索不达米亚和伊朗，而托勒密一世（Ptolemy Ⅰ）分得地中海东部各地和埃及。

但是，由希腊向东方的移民运动却并未因亚历山大的去世而终止。继承了亚历山大帝国东方领土的塞琉古一世尼卡托（公元前 358—前 281 年），引诱来自希腊本土的数以千计的殖民者，来增强巴克特里亚地区的守军，甚至有学者认为，这是古代历史上最伟大的和平移民之一。新来的殖民者不仅巩固了亚历山大的城池，而且还创建了新的城池，并把希腊文化传播到远至印度和中亚的地区。

应该说，亚历山大的东征以及随之进行的移民运动，是对西亚、中亚民族与文化的一次整合。尽管由于亚历山大帝国仅存在了十几年，这种整合并不是十分成功，但其在文化方面的影响却是深远的。在贵霜时期（1—5 世纪），中亚地区的希腊文化与印度西北的佛教艺术相结合，又在一定程度上融入了伊朗文化的因素，最终形成著名的“犍陀罗艺术”。

犍陀罗原为印度次大陆古代十六列国之一，首府旦叉始罗，位于今巴基斯坦拉瓦尔品第的近郊，这里一直是印度河上游的学术中心和商业中心。以其命名的“犍陀罗艺术”，其主要成就是以希腊的艺术手法来雕刻佛陀和诸菩萨的造像，不仅对其周围各国产生了较大影响，甚至也影响到中国以及朝鲜、日本的佛教造像艺术。

1.3　西迁的大月氏人

在亚历山大去世百年以后，东亚大地出现了另一次远比其东征更为成功的整合，这就是秦始皇对中国的统一。此后中国在历史上虽然也经历过分分合合，疆域也存在伸缩，但是东亚大部分地区熔铸为一个国家的历史却从此固定下来。

就在秦始皇致力于统一农耕地区的同时，有学者认为，今蒙古、新疆和中亚地区的游牧民族进入了一个比以往更激烈的混乱和冲突时期。帕提亚人、斯基泰人（塞种人）和匈奴人被驱使掀起侵扰南亚和西亚文明地区的浪潮，稍后一些时候，他们也侵扰了欧洲，而这些侵扰经常带来灾难性的后果。很多理论被提出以解释这种现象，有人认为是中国秦朝新修的长城改变了移民模式而致；也有人猜想，是恶劣的气候剥夺了游牧民族的食物，或者是相反，良好的气候促进了游牧民族人口的膨胀，因而需要为增殖的人口寻找新的生存空间。

而在游牧民族的迁徙与兴替过程中，最值得我们关注的无疑是，兴起于阴山的匈奴人已经开始致力于统一蒙古草原的游牧民族。

据说，秦始皇统一中国后希望长生不老，在他派往海上求仙药的方士中有一个名叫卢生的人，在从海外归来后向秦始皇进献了一道图谶："亡秦者胡也。"为此，秦始皇命大将蒙恬率大军30万进攻匈奴，并修建了万里长城。这时的匈奴是在头曼单于的统治之下。

强秦的压力无疑推迟了匈奴人统一蒙古草原的步伐，但是，不久后秦王朝的灭亡，却为草原民族带来了新的机遇。

匈奴的头曼单于想废掉太子冒顿而另立小儿子为继承人，因此派冒顿到西方的月氏人那里当人质，而后却派出大军进攻月氏人，希望借月氏人之手杀掉冒顿，但冒顿却夺得战马逃了回来。从这段往事来看，当时月氏人的势力并不弱于刚刚兴起的匈奴人。

冒顿自大月氏逃回后，对父亲怀恨在心，开始用鸣镝训练手下的士兵。鸣镝就是一种响箭。冒顿规定，凡是他的鸣镝所射向的目标，所有人都必须马上跟着射，不这样做的人将被斩首。冒顿与部下出猎，发现有不射鸣镝所射目标的人，就将之处死。不久，冒顿用鸣镝射自己的好马，手下的士兵有人不敢跟着射，冒顿立刻将他们杀掉。冒顿又以鸣镝射自己的爱妾，士兵们非常恐慌，不敢跟着射，冒顿再次将不射的人杀死。此后，冒顿将鸣镝射其父亲的宝马，他手下的士兵马上万箭齐发，宝马被射成了刺猬。冒顿知道士兵们都会毫不犹豫地执行其命令，就将鸣镝射向他的父亲头曼单于，头曼单于立即被乱箭射死，冒顿成为匈奴新的单于。

多数学者认为，当时的大月氏人是驻牧于今河西走廊西部张掖至敦煌一带的游牧民族。但也有的学者认为，史书中称月氏人的原居住地在"祁连山"附近，其所说的"祁连山"并不是今天位于河西走廊南部的祁连山脉，祁连是匈奴语，意思是"天"，月氏人活动地区的祁连山指今天山山脉的东段，月氏人的原居住地不在今河西走廊，而在今新疆东部。

关于月氏人是不是东迁的塞种人的一支，学者间的看法也并不一致，但多数学者相信，月氏人应是一支白种人的部族，这是因为，目前基本可以肯定，其建立贵霜帝国的后裔是白种人。

事实上，中国学者关于大月氏人的起源问题的异说还有许多。中国古书或称其为羌，或称其为戎，现代学者更是提出了藏族说、突厥说、印欧语族说、波斯说等种种不同的学术见解。王国维赞同清人何秋涛的观点，认为大月氏即《逸周书·王会解》中的"禺氏"，《穆天子传》中的"禺知"或"禺氏"，其原居住地在周人的正北，在秦汉之际才由原居住地迁至河西走廊。还有的学者认为，大月氏人原来分布在今山东、江苏交界地带，是古东夷人的一支，大约在公元前五六千年开始沿黄河向西迁移，最终经河套地区来到河西走廊。

在匈奴冒顿单于杀父自立以后，匈奴西方的强大邻居月氏人就成为他主要进攻的对象。

匈奴对大月氏的第一阶段的打击，大约发生在公元前177年或公元前176年，但是，有的学者认为，这次打击尚不足以迫使大月氏人离开他们的居住地。而关于大月氏人开始迁徙的时间，除了比较流行的公元前177年或公元前176年说之外，还有西方学者认为是在公元前

165 年，有日本学者认为是在公元前 174 年至公元前 158 年，或是认为在公元前 174 年至公元前 160 年，等等。不过学界一般认为，在受到冒顿单于的打击后，大月氏人就已经向西迁徙至今伊犁河、楚河流域以及伊塞克湖附近了。

关于月氏人此次迁徙的路线，多数学者认为，是沿天山北麓西行，最终到达伊犁河流域的。但也有学者持不同看法，王国维先生认为月氏被匈奴击败后，向西南经青海柴达木盆地到了鄯善、且末，在这里逗留数十年，然后越过葱岭征服了大夏。苏北海先生则认为，月氏人从敦煌西北经罗布泊，越楼兰国向西北而行，再分成两路，一路是直趋焉耆盆地，入天山，西经尤鲁斯大草原，进巩乃斯川而进入伊犁河流域，这条路线是天山山脉中自古就非常有名的草原牧道；一路是经今库车、阿克苏、乌什越拔达岭而至伊塞克湖一带。

匈奴对大月氏人第二阶段的打击，大致发生在匈奴老上单于在位时期（公元前 174—前 161 年），这次的打击对大月氏的伤害很大，甚至月氏人的王都在战斗中被杀，为了纪念这次胜利，匈奴老上单于还用月氏王的头骨制成了饮器。有学者认为，史书中所记载的乌孙人对大月氏人的进攻，很可能就是在此时，是匈奴人联合乌孙人展开了对大月氏人的全面攻势。

有关乌孙人的很多方面，学者间的看法都存在明显的分歧。对于乌孙人的语言，有的认为属于突厥语族，有的认为属于印欧语系的东伊朗语支，或认为其操吐火罗语。对于乌孙人的种族，或认为属于高加索人种，或认为属于蒙古人种，也有的认为兼有两者的成分。前苏联考古学家通过对伊犁河流域及伊塞克湖附近发现的乌孙人骨的研究，认为在目前发现的乌孙人的头骨中，有大约 80% 是属于欧罗巴人种，由此至少可以肯定，当乌孙人活动在此区域时，其主要成分为欧罗巴人种。但仍有学者坚持认为，在乌孙人西迁以前，他们是属于蒙古人种的部族。关于乌孙人的原居住地，多数学者认为，他们最初与大月氏人一起活动于今河西走廊一带；但也有学者认为其原居住地在今新疆境内的博格达山的北麓，包括今吉木萨尔县至乌鲁木齐的所有绿洲；或认为其最初居住在今宁夏固原一带；甚至有学者认为，乌孙人最初曾经在今山东孝义县漯水一带居住。关于乌孙人是希腊史籍中记载的哪一民族，有的认为乌孙可能是希罗多德《历史》一书中所载的伊塞顿人（Issedones），有的则认为是其书中的萨尔马提亚人（Sarmatians）的祖先或族人。

关于乌孙人的历史，可谓是众说纷纭，这更给这个民族的历史增添了神秘感。

目前较为流行的说法是，大月氏人被匈奴人打败之后，西迁占据了乌孙人的故地，并在战斗中杀死了乌孙人的首领难兜靡。据说，在难兜靡被杀时，他那还在襁褓之中的儿子猎骄靡被抛弃在荒野之中。是乌鸦喂养了猎骄靡，狼又为他哺乳。见到这一境况的匈奴冒顿单于感到奇怪，认为猎骄靡是神，于是收养了他。猎骄靡长大后"自请单于报父怨"，并得到匈奴单于的帮助，因此才在匈奴部队的支持下赶走了伊犁河流域的大月氏人，率族人西迁到那里复国。

但对乌孙人进攻大月氏人的时间，学者们的看法也不一致，有人认为是在匈奴老上单于在位时，有的认为是匈奴军臣单于在位时，也有人认为可能是在张骞出使西域以前不久。但有一点是可以肯定的，当汉王朝派张骞出使西域寻找大月氏人，以期与之联合，共同对付匈奴时，大月氏人已经离开伊犁河、楚河流域了。

而大月氏人在受到乌孙人的打击之后，进一步迁徙至锡尔河以北，并在此逗留了十几年，伊犁河流域和楚河流域则被乌孙人占据。此后，大月氏人还越过锡尔河，占领了阿姆河以北的中亚河间地区，大约在公元1世纪中期，又占领了整个大夏。

大月氏人的西迁，又一次引发了中亚民族的多米诺式的民族迁徙浪潮。

最初，是在大月氏人的逼迫下，原居住在伊犁河、楚河流域的塞种人部落不得不西迁；而后，当乌孙人占据伊犁河、楚河流域，驱逐大月氏人之后，大月氏人迁入锡尔河以北，导致这一地区的塞种人渡过锡尔河南下；再之后，是大月氏人越过锡尔河南下，使塞种人再一步南迁。

亚历山大帝国解体之后，统治西亚的是塞琉古王朝。在公元前250年前后，今伊朗高原至中亚地区出现了对抗塞琉古统治的反叛。最后结果是，在伊朗高原，阿萨息斯建立了安息帝国（约公元前247—226年），西方史籍也称之为帕提亚帝国；而在中亚地区，则由狄奥多德建立了大夏王朝，西方史籍也称之为巴克特里亚（Bactrian）。据西方史籍记载，大约在公元前140年，有4个塞种人的部落攻灭了大夏，而这些塞种人可能就是受到来自大月氏人的压力而迁徙的部落。随后，大月氏人也进入这一地区，成功地征服了大夏，并在这里建立起自己的帝国——贵霜帝国。

贵霜帝国，曾经名动一时的中亚大帝国，其建立是大月氏人的辉煌，更是中亚历史的辉煌。其成就可与东面中国的汉王朝、西面的罗马帝国以及南面的安息帝国相媲美，是当时欧亚内陆四大强国之一。倘若没有匈奴人的进攻，大月氏人不会迁徙，也就不会有后来贵霜帝国的辉煌，正所谓“塞翁失马，焉知非福”。

一般认为，西迁中亚阿姆河流域的大月氏人，在征服了巴克特里亚，也就是中国史书中所称的大夏之后，统治了整个阿姆河、锡尔河流域。大月氏人将大夏部族一分为五，迁往东部山区，并设五部翕侯进行统治，贵霜是其中一部。

至公元1世纪中叶，贵霜部翕侯丘就却统一了五部，建立贵霜帝国。至2世纪中期，贵霜帝国达到鼎盛时期，其疆域西起咸海，东至葱岭，向南包括印度河和恒河流域，成为横亘中亚和北印度的庞大帝国。但在其王婆苏提婆死后，贵霜帝国日益衰落，至公元3世纪已分裂为若干小的公国。而这时西亚的萨珊波斯兴起，开始向中亚、阿富汗和印度扩张，贵霜的势力更加遭到削弱。至公元4世纪，东印度的笈多帝国兴起后，再次统一北印度，贵霜诸王公的残余势力便处于笈多帝国的控制之下。在大夏故地的大月氏人仍保持独立，至公元425年为西迁的嚈哒人所灭。

20世纪20年代，法国考古团在阿富汗发现的贝格拉姆遗址中，出土了许多来自中亚其他地区以及印度、罗马、埃及等地的青铜和金质首饰,还有大量精致的手工艺珍品,如中国汉代的漆器、印度的象牙雕刻等等,证明贵霜帝国与东西方各地有着广泛的文化交流和贸易联系,这也从另一个侧面反映出贵霜帝国当时的繁荣。

当西汉王朝发动对匈奴的大规模战争之后,为了寻找战略伙伴,达到与汉兵夹击匈奴的战略目的,在得知大月氏人曾与匈奴人作战的史事之后,汉武帝决定遣使西域,联合大月氏人共同进攻匈奴。

公元前200年冬,匈奴侵扰新建立的西汉王朝,西汉开国皇帝刘邦亲率20万大军出征,被冒顿单于的40万大军包围于白登山(今大同东)。在被困的第七天,刘邦采纳陈平之计,向单于之妻行贿,并赠送一幅美人图,说是汉朝愿意讲和,并将图中美人送给单于。单于之妻在金银财宝和妒意的双重作用下,劝冒顿单于撤兵,刘邦才得以狼狈逃回。此后,西汉对匈奴实行"和亲",下嫁公主给单于,并每年赠送大量财物,以换取匈奴不再抄掠汉朝的边地。至汉武帝击匈奴之前,在约60年时间里,汉匈和亲共有10次之多。"和亲"之策汉朝虽出于不得已,但由此赢得了可贵的恢复国力的和平期,为"文景之治"的出现提供了保障。至汉武帝时,借文景之治积累起来的财富,发动了对匈奴的全面战争。

公元前139年,应募出使西域的张骞,率领由100多人组成的使团,开始从陇西(今甘肃临洮)西行。就在他们匆匆穿过河西走廊时,却被匈奴人抓获,张骞从此被匈奴扣留长达10年之久。匈奴人为他娶妻,并且有了孩子,但张骞却一直不肯放弃出使月氏的使命。至公元前129年,张骞终于找到了机会,带领其随从出逃,取道车师国(今新疆吐鲁番盆地),进入焉耆(今新疆焉耆一带),然后溯塔里木河西行,经过龟兹(今新疆库车东)、疏勒(今新疆喀什)等地,翻越葱岭,到达大宛国(在今费尔干纳盆地)。在旅途中备尝艰辛,甚至没有粮食,全靠射猎禽兽充饥。

张骞到达大宛国后,向国王说明了自己的身份,正想与汉王朝建立联系的大宛国王派遣了向导和翻译,将张骞等人送到康居(在今巴尔喀什湖和咸海之间)。康居王又遣人将他们送至大月氏。

可是,当张骞一行来见大月氏女王的时候,大月氏人刚刚征服了大夏,定都于蓝氏城(今阿富汗的汗瓦齐拉巴德),在阿姆河流域站稳了脚跟。当地土地肥沃、物产丰饶,又不存在可以挑战他们权威的势力,大月氏人对于在这里的生活状况很为满意,已经无意于东归故地,更不愿意再去与他们的死敌匈奴人血战了。张骞等人在大月氏逗留了一年多,但始终未能说服月氏人与汉朝联盟,夹击匈奴,不得不无功返回。

在归途中,张骞再次为匈奴人所抓获并扣留,直到公元前126年匈奴人发生内乱,张骞才乘机逃回汉朝。张骞此次出使,前后13年,出发时使团有100多人,最后只有张骞和堂邑父二人回到了汉朝。

张骞的出使,虽然未能完成军事方面的任务,但却使西汉与大月氏之间建立起正式的联系。此后,在东汉班超经营西域期间,在公元90年,大月氏曾派其副王谢率兵7万攻打班超的军队,而班超和平解决了这场看似不可避免的战争。除此之外,整体上来看,大月氏与中国一直保持着比较友好的关系。

《魏略》一书记载,在公元前2年,大月氏国使者伊存曾经口授《浮屠经》给博士弟子景卢,多数学者认为,这是有关佛教传入中国的最早的文献记载了,而且最早来中国译经的高僧支谶就是大月氏国人。至北魏太武帝拓跋焘在位时,大月氏商贩经常往来于京师,而且他们自称能铸五色琉璃,致使中国的琉璃价格大跌,人们也不再将之当成珍宝。

公元2世纪中叶以后,贵霜王朝内乱不已,其境内的大月氏人又开始大量流亡东方,进入中国东汉王朝避难。在我国西北地区发现的一些带有外国铭文的铜饼和铅饼,很可能就是流落到中国的贵霜大月氏人在三辅(以西安为中心的陕西中部地区)及其西邻地区频繁活动留下的遗物。

1.4 华夏与蛮夷

后来形成中国的广大地域,最初是而且从古至今一直是黄色人种的主要分布区。可是,关于黄色人种的起源目前却仍旧是学术界存在比较大的分歧的问题之一。

有学者指出,对某些蛋白质座位、线粒体 DNA,以及 β－球蛋白基因簇的遗传距离研究表明,人类可能最先是分化为非洲人和欧洲人两大类型,也就是说,人类从非洲走出之后,最早是分化成白种人和黑种人两大人种;但是,根据人类红细胞血型以及 HLA 的数据,在系统树中,首先分化的是蒙古人种与高加索—尼格鲁人种,与前一种研究的结论相矛盾。究竟哪一种研究更符合事实,现在还无法得出结论。

在中国学者中,较为传统的观点是本土起源说。但中国境内发现的古人类目前最早也只能追溯到距今 180 万年前的元谋人,因此,也有一些学者开始从古人类迁徙的角度来分析黄种人的起源。

关于蒙古人种何时开始分化的问题现在学者们也未能达成一致意见,有一种看法认为,早在几十万年以前,蒙古人种就已经分化为两个亚类型了。今天中国的汉族,实际上分别属于蒙古人这两大亚类型,也就是说,南方汉族与中国南方一些少数民族的亲缘关系远比他们与北方汉人更近,而北方汉族与蒙古草原至东北地区的少数民族的亲缘关系,也远比他们与南方汉人更近,汉族之所以成为汉族,是文化融合的结果。

有学者认为:蒙古人种又分为南北两大亚类。北方类型包括中国北方人;北美洲的阿塔帕斯卡人,爱斯基摩人和皮马人;日本人;朝鲜人;蒙古人,以及苏联亚洲部分的一些少数民族。南方类型包括中国南方人,泰国人,印度尼西亚人和菲律宾人。

根据 Gm 在世界范围内的分布,可以推测北方类型的蒙古人群逐渐扩展到朝鲜、日本。同时也有一部分通过白令海峡进入美洲并成为美洲印第安人的祖先。南方类型的古蒙古人群向台湾、印尼和菲律宾迁移。

蒙古人种分化为两个亚类的年代尚不清楚。林圣龙根据早期人类(指直立人以及可能比直立人更早的人科成员)化石的形态序列和时间序列认为,中更新世早期的人类,从长江流域向北越过秦岭山脉,逐渐扩散到黄河流域。据此推测,蒙古人种两大亚类的形成可能有几十万年的历史。

赵桐茂等《中国人免疫球蛋白同种异型的研究:中华民族起源的一个假说》

不过,历史学家们多认为,就在以中亚为中心,进行着东来与西往的复杂民族迁徙的远古时期,在东亚,在今天中国境内,也出现了大规模的族群移动。在古史传说中,黄帝的族群与炎帝的族群虽然曾经发生过战争,但最终却联合起来对付以蚩尤为首领的苗蛮集团,双方在涿鹿(今河北涿鹿东南)展开了一场大战,战败后的苗蛮集团被迫南迁。多数学者认为,苗蛮集团在南迁后才居住在以今洞庭湖为中心的地区,后来在中国南方兴起的民族,都或多或少与苗蛮集团有一些联系。今天生活在西南云贵高原上的诸多少数民族,如果向远古追溯其族源的话,恐怕也与这一学界所说的苗蛮集团存在某种联系。不过,有人认为,蚩尤在战败后率部远徙海外,其族群最后在今美洲落脚并繁衍,成为印第安人的祖先,这却是无稽之谈了。

在蚩尤所领导的民族集团南迁以后,北方黄河流域才成为黄帝领导的族群和炎帝领导的族群所控制的地区,两个族群也逐渐融为一体,成为后来建构中国的主要力量,因此,中华民族才被称为炎黄子孙,黄河也被称为中华文明的摇篮。炎黄族群形成以后,在自我中心意识支配下,他们将分布在其东、南、西、北的诸族群分别称之为东夷、南蛮、西戎、北狄,或者是将与自身存在文化差异的族群一律称之为夷,再根据其相对于自身的方位而称之为东夷、西夷等等。

但是,炎黄族群的形成,并不意味着中国中原地区族群迁徙活动的中止或衰落，而是恰恰相反，大规模的族群迁徙仍在进行。

在《孟子·离娄下》中，被认为在中国历史上是仅次于孔子的第二位大圣人的孟子曾经说过："舜生于诸冯，迁于负夏，卒于鸣条，东夷之人也。文王生于岐周，卒于毕郢，西夷之人也。"由此看来，在中国国家形成之前的部落大联盟中，最伟大的三位首领尧、舜、禹之一的舜，竟然不是出自炎黄族群，他所在的族群后来加入到炎黄族群构成的部落大联盟之中，使他本人最终得以成为联盟的最高首领，完全是出于族群迁移的结果。而奠定周王朝王业基础、在古代一直被视为伟大圣王之一的周文王，竟然被孟子称为"西夷之人"，那么，周人恐怕也不是原来就居住在中原地区的族群。

现在学者一般认为，周民族的发展历程比较曲折，他们原本是从事农耕的民族，可是，竟然有一段时间，不知出于何种原因，他们迁入游牧世界，并转而从事畜牧业。在周文王的祖父古公亶父任部落首领的时期，周人才迁入今陕西关中平原的西部，并又重操旧业，成为定居的农耕民族。中国最古老的诗歌总集《诗经》中还保存着这样的古老诗句："古公亶父，来朝走马。率西水浒，至于岐下。"古公亶父还习惯于骑马，可见这时周人还在一定程度上保留着游牧民族的习俗。后来周人能够以一个仅有十几万人口的部族，征服控制百万以上人口的商王朝，其保持着游牧民族的习俗，因而有着较强的机动作战能力和尚武精神，不能不说是原因之一。

由周人的发展迁徙历程来看，孟子称周文王为"西夷之人"，也是不无道理的。

除周人以外，现在有学者认为，商朝人也不是原居于中原地区的民族，他们的始祖契所领导的部落可能活动在今天辽河的发源地，内蒙古自治区的七老图山一带，到契的儿子昭明担任部落首领之后，商人开始了迁徙。至商人的六世祖冥的时代，商人已经进入黄河中下游地区。据《竹书纪年》的记载，冥是死于治河活动的，可能他是见于记载的第一位为治理黄河而献出生命的英雄人物。最终商人进入今河南，并取代了夏朝，建立了中国历史上第二个朝代商朝。商人非常善于从事远距离贸易,因此,后代才将从事贸易的人称为“商人”。从这一点上,我们还可以发现,经常的迁徙生活对商人所造成的影响。

我们一提到中国历史的开端,往往总是会想到尧舜禹、夏商周,可是,这其中一半的族群却不是原来就居住在中原地区,而是后来才迁到这里的。

周人在取代商王朝之前,还进行过一次人数有限但距离却超乎我们想象的迁徙。

据说,古公亶父有三个儿子,泰伯、仲雍和季历,后来鼎鼎大名的周文王是季历的儿子。周文王从小就表现出过人的才智,古公亶父非常喜爱这个孙子,希望将来能由他来领导周人,可是这却不符合周人嫡长子继位的传统。泰伯和仲雍看出了父亲的心思,为了让父亲能够名正言顺地传位给季历,并通过季历将来把王位传给周文王,他们相约出走,率部自今陕西远迁至今江浙一带。后来春秋战国时期的吴国的国君,据说就是泰伯和仲雍的后裔。

有一些历史学家并不相信这种记载,认为属于古史传说的范畴。而历史学家许倬云提出一种新的见解,认为少量周人东迁至今江浙一带,未必与其王位继承有关,更为可能的情况是,周人出于推翻商王朝的整体战略考虑,派出一支先遣队赴东南地区发展,建立军事据点,以完成对商王朝的战略包围。

不论泰伯和仲雍的迁徙是不是史实,可以肯定的是,在周人灭商以后,以封建诸侯国为契机,周人又进行了大规模的迁徙。

为控制新征服地区的广土众民,在灭商以后,周人在原来商人的控制区里新建立了一系列周人的诸侯国,这些诸侯国大体是以今天的陇海铁路线为中轴,向南北两个方向展开。每个新建立的诸侯国中,都有一定数量的来自陕西的周人,通过这种方式,在各主要战备要地,周人都建立起军事据点加以固守。这种出于政治、军事考虑的安排,在不经意中,使周人呈扇状向中国东部的平原地区迁徙和散布。正是以迁徙后的周人以及原来居住在中原地区的夏人、商人为主,才形成了作为后来汉民族祖先的华夏族。也许从这个意义上我们可以说,中华文明的形成，与远古时期的民族迁徙是息息相关的。

在周人统治期间，中原地区的诸侯国还经常进行整个国家“搬家”式的迁徙。现代学者研究，至少有近百个周代的诸侯国曾经进行过这种迁徙，其迁徙的距离动辄数百公里，甚至超过1000公里。其中迁徙距离最远的例子，可能是商末周初的箕侯国了，在箕子的率领下，大约5000殷遗民自今天中国的河南一带北上，经辽宁省西部地区转而向东，最终进入朝鲜半岛的大同江流域，他们在这里建立了箕氏朝鲜，这是朝鲜半岛最早的政权。

不仅诸侯国经常进行迁徙，就是王朝的首都也处于不断的迁徙之中。夏朝的都城至少曾经迁徙过5次，先后处于6个不同的地方。商王朝建立前，商人的统治中心至少有过8次迁徙。在商王朝建立以后，其国都也是不断迁徙的，直到商朝的中后期，商王盘庚将都城迁到殷地之后，商朝才不再迁都了，也是因为这个原因，商朝在历史上也被称为殷朝，或是称为殷商。

之所以存在上述这种普遍的迁国现象，其主要的原因不外是两个方面，其一，当时地广人稀，存在着大量的无人居住的地区，可供这些诸侯国迁徙；其二，在当时生产力尚不发达的时代，人们对自然资源的利用更多的还是破坏性的，而不是建设性的，当一个地区的资源被其消耗殆尽之后，这一地区的人们就不得不进行迁徙，将原居住地抛荒，使自然环境得以慢慢地自行恢复。随着生产力的发展，人类掌握了施肥等对土地进行长期利用的方法之后，农耕民族就逐渐成为安土重迁的民众了，而人口的膨胀也使农耕世界里的大部分地区都得到开发，也不再存在可供迁国的空间了。在此之后，这种特殊的迁徙现象才逐渐消失。

不仅中原地区炎黄族群的分布区里经历着大规模的族群迁徙，周边地区被称之为戎夷的其他族群，也同样经历着大规模的迁徙。在这方面，古东夷人的迁徙可能是最典型的例子。

古东夷人不仅进行了从阴山至山东半岛和淮河流域的迁徙，甚至有学者认为，古东夷人曾有一支南迁，最终成为今天彝族的祖先。陈平认为，在新石器时代的中、晚期，即中国古史传说时代的颛顼至帝喾的时期，古东夷族由今山东半岛出发，开始了南向西南的迁徙，并进入华中的江汉地区，从这里，他们转而向西北方向迁徙，前进到陇东南的洮水“三危”一带，这大约在新石器时代晚期的龙山文化晚段，即古史传说的尧舜时期。他们再由此折而向南，最终进入川、滇，其后裔发展为今天的彝族。

但是，对中国早期历史形成比较大影响的，还应该说是中国西部族群的迁徙。

羌族是居住于中国西部的古老民族之一，其历史非常悠久，大约在距今6000年以前，他们就已经生活在今天的甘肃、青海，以及四川西北一带了。从汉字的构字法来看，这一族群的名称“羌”字，是以“羊”为字头的，因此学者多认为，远古时期的羌人是一个以牧羊为生的民族。古羌人的迁徙大约开始于距今5000年以前，甚至有学者认为，炎帝所在的族群就是出于古羌人。汉族的姓氏“姜”就是起源于“羌”，从汉字的构字法来看，这两个字的字头相同，都是“羊”，只不过其下面存在着从“儿”还是从“女”的差异而已。

后来还有许多羌族部落陆续向南方发展，沿金沙江、雅砻江、澜沧江、怒江等河流的河谷地带迁徙，进入今天四川的西南地区和云南，甚至南迁至今缅甸和泰国的境内，今天的彝族、白族、景颇族、哈尼族、拉祜族、傈僳族、普米族、纳西族、基诺族、德昂族、独龙族，以及缅甸的缅族等，可能都与古羌人存在一定的联系。也有学者认为，与上述民族语言相近的门巴族、珞巴族，以及印度东北部阿萨姆邦的许多小部族，和尼泊尔境内喜马拉雅山区的一些部族，可能都与古羌人有某种联系。由此我们可以看出，羌人迁徙的范围之广。当然，所有这些迁徙都是非常缓慢地在长达千百年的时间里完成的，以至我们今天还无法发现羌人祖先们当年迁徙的路线。

在先秦时期，比羌人更为有名的西部族群应该说是戎人。周人最初在古公亶父领导下东迁进入关中平原，就是出于戎人的逼迫，是戎人部落逐渐向东迁徙导致的结果。但此后，随着周人的发展壮大，周文王、周武王两代都对西方的戎人进行讨伐，这才暂时遏制住了戎人东迁的步伐。

在周穆王在位时期，曾经对戎人大举讨伐，俘虏了戎人的五位王，并将大量戎人迁到太原一带居住。这是见于史书记载的戎人一次大规模的东迁，只不过这次迁徙是一种强制性移民。而对于戎人迁入的“太原”在今天的什么地方，学者们的意见分歧较大，一说是在今山西省太原市一带；一说在今固原、镇原和平凉一带；一说在今晋西、陕北东部之地。

西周的灭亡也与戎人有关。周幽王听信谗言废太子——申后之子宜臼，立褒姒之子为太子，申后的父亲申侯气不过，就联合戎人进攻周王朝的首都。由于在此之前有过“烽火戏诸侯”的闹剧，当都城危急，周幽王举烽火向诸侯求救时，诸侯都认为这肯定又是周幽王的无聊之举，因而都不派兵增援。结果周人的首都被戎人攻克，周幽王被杀于骊山之下。由于戎人的进入，后来即位的周平王不得不将周朝的首都迁到东方的洛邑，此后的周朝也就是我们通常所说的东周了。

褒姒是周幽王的宠妃，相传她是由褒国两位君主所化神龙的龙涎与一位宫中童女受孕而生。由于是未婚而孕，所以褒姒在出生后被扔掉，为一对逃难的夫妇所收养。公元前779年，周幽王讨伐褒国，褒国将褒姒作为礼物献给周幽王以乞降。当时的太史伯阳曾预言：西周的灾祸已成，无可避免也无可奈何了。

褒姒入宫以后从来不笑，幽王想尽一切办法，希望博褒姒一笑，却都未成功。后来虢国石父献计，点燃烽火，诸侯以为有外敌来侵，纷纷发兵前来求援，结果却发现是被周幽王所戏弄，又不得不撤走。褒姒看到各诸侯国的部队慌乱而来，尴尬而去，不觉开颜一笑。但是，诸侯们在被骗之后，不再相信烽火台之烟。等到申侯联合戎人攻到周朝王都时，周幽王再次点燃烽火，诸侯们还以为幽王又在戏耍他们，无一人赶来救援,西周就这样灭亡了。

后来统一中国的秦国,在西周末期还只是一个默默无闻的小诸侯国。因为秦国护送周平王迁都有功,周平王就送了一个空头人情给他,将原来西周都城附近的地区都"赐"给了秦国。而实际上,这里早已为东迁的戎人所占据,是周平王无法控制的地区,否则他也不会迁都洛邑了。但是,秦人却比较执著地开始了对此地区的征服,经过几代人的努力,他们竟然确立起对原来周人老根据地的统治,后来还以此为基地,进而统一了全中国,这恐怕是周平王始料所不及的了。

当秦国确立起在西部的统治地位之后,当地的戎人部落大多臣服于秦国,比较有名的是所谓的西戎八国,自陇以西有绵诸、绲戎、翟、貉之戎,岐、梁山、泾、漆之北有义渠、大荔、乌氏、朐衍之戎,这就是古籍中所说的八国之戎。而且,秦国在秦穆公在位时还进一步向西进攻戎人的部落,开疆拓土,由此导致了我们前面提到过的诸族群多米诺式的西迁浪潮。

阿里玛斯波伊人赶走了伊塞顿人,伊塞顿人驱逐了马萨革泰人,马萨革泰人击败了斯基泰人,而斯基泰人又将辛梅利安人赶往欧洲。由此,在中国境内发生的政治事件,竟然通过一波接一波的民族迁徙浪潮传递其影响,最后对欧洲的历史进程发挥了一定的作用。

秦国的扩张不仅在西方引发了多米诺式的民族迁徙浪潮,在东方,也促进了一些大的民族迁徙。

在秦始皇统一中国的过程中,北方的赵国、燕国由于受到秦兵的进攻,其国民特别是统治阶层,也出现过大规模的东迁。燕国在灭亡以前,燕王僖和太子丹曾率精兵东撤到今辽东半岛。在荆轲刺杀秦始皇失败以后,作为这起刺杀事件幕后策划者的太子丹曾经躲藏在衍水一带,因为这个原因,衍水后来才被称为太子河,这也就是今天辽宁省东部地区的太子河。而后来秦末天下大乱时,更有数万来自今河北、山西北部地区的中国移民进入朝鲜半岛的大同江流域。后来燕人卫满就是借助这些移民的力量,取代了朝鲜半岛上的箕氏朝鲜政权,建立了自己的政权，史称卫氏朝鲜。

在南方，由于受到秦兵的进攻，楚国居民也存在着一个逐渐东迁的过程，当楚国最终被秦国灭亡之后，大量楚人已经东迁至今淮河流域了。历史上非常有名的西楚霸王项羽，作为楚国名将的后裔，早年就是在江东地区度过的。甚至有的学者认为，可能有一部分楚人由这一带出海外迁，进入朝鲜半岛南部，他们用其故乡的大河汉水的名字，来命名迁入地的最大一条河流，这就是今天朝鲜半岛南部的汉江名称的来源，他们也将由祭祀屈原而形成的端午节习俗带入这一地区。

2 漫漫西行路

从蜿蜒1200公里的大兴安岭向西，是绵亘8000公里的欧亚北部大草原，在人类驯化了马、掌握了骑术并发明了鞍、辔、蹬等马具之后，这里就成为游牧民族的家园，成为与南方农耕世界平行的另一个世界。在这广阔的内陆欧亚大地上，众多的马背民族繁衍生息着。

马背上的民族凭借其机动性，常常对农耕世界进行侵扰。草原的艰苦生活铸就了他们刚毅的个性与剽悍的民风，再加上来去如风的骑兵战术，使他们经常在对农耕民族的战争中占上风。一旦战败，他们可以驱赶着牛羊远远地走入草原深处，躲避来自农耕民族的进攻，也可以进行远距离的迁徙，在一个对于他们来说陌生的地方重新崛起。

草原是游牧民族的养育者，是游牧民族的保护者，也是游牧民族大迁徙的通道。最早沿着草原大通道迁徙的无疑是匈奴人。这个在草原上建立起庞大帝国的民族，在中国历史上活跃了数百年的民族，与汉王朝对峙百年的民族，惹得秦皇汉武不能安枕的民族，一个似乎是永远无法摆脱的梦魇的民族，却在一夕之间，匆匆离去，漠北草原再也见不到他们的身影。

2.1 远去的匈奴人

关于匈奴人的起源，《史记》称其为夏王朝的后裔，这当然是靠不住的。现在历史学家多认为，这是一个兴起于阴山南北的游牧民族，但其究竟属于蒙古人种，还是属于突厥人种，学者间的看法并不一致。其兴起后建立的匈奴帝国，将蒙古草原上原来如一盘散沙般的各个民族统一到一个草原帝国之内，以致其民族成分就变得更加复杂。

草原民族早在先秦时期就已经对中原地区的农耕民族构成威胁，因此，战国七雄中立国于北方的秦、赵、燕三国，各自都修有长城。秦始皇统一中国后，将三国的长城修补增筑，连为一体，这就是举世闻名的万里长城。

就在秦始皇致力于统一六国的同时，北方的蒙古草原上，匈奴人也进行着统一游牧民族的努力。

头曼单于是匈奴历史上第一个单于，在逐渐统一匈奴各部以后，头曼单于带领他的铁骑夺取了河套以南的河南地（今内蒙古鄂尔多斯一带），匈奴开始与其东方的东胡人、西方的大月氏，成为鼎足而立的草原三大强族之一。但不幸的是，在接下来的发展中，头曼单于却遭遇到了最强大的对手——秦始皇。统一中原的秦始皇派大将蒙恬率秦军30万，北击匈奴、收复河南地，为避其兵锋，匈奴不得不北迁。

以鸣镝之法弑父即位的冒顿单于统治期间，匈奴人东击东胡，西攻月氏，平定楼兰、乌孙及其旁的26族，南并楼烦、北服浑庾等族，终于统一了大漠南北的广大地区。借秦末天下大乱之机，匈奴人又重新占领了河套地区。在其武力的逼迫下，刚刚建立的西汉王朝不得不对匈奴实行和亲政策，公主下嫁，每年赠送给匈奴单于大量的财物，以换得匈奴人不再侵扰汉王朝的沿边各郡。至匈奴老上单于在位期间（公元前174—前161年），匈奴人的势力东至辽河，西越葱岭，南抵长城，北达贝加尔湖，成为欧亚大陆历史上第一个强大的草原游牧帝国。

汉武帝即位后，以“文景之治”积累起来的雄厚财力为基础，展开了对匈奴帝国的全面战争。这场东亚两大帝国间的对决前后持续了数十年，战场东起今东北地区，西达今新疆。为了实现从东西两个方向对匈奴帝国进行包抄的战略目的，汉武帝向西派遣张骞出使西域，联络匈奴人的死敌大月氏人，向东出兵灭掉了朝鲜半岛上的卫氏朝鲜，新设乐浪、真番、临屯、玄菟等四郡，乐浪郡的首府就设在今朝鲜平壤。可以说，这场规模宏大的战役，几乎牵动着整个东亚世界。

汉武帝在位期间组织了3次大的战役，即漠南之役、河西之役和漠北之役，使匈奴帝国受到沉重的打击，但是，终汉武帝一生，也未能最终解决来自北方草原的威胁。此后，在汉昭帝、汉宣帝在位期间，西汉王朝与匈奴之间的战争仍在继续。在70多年的时间里，两大帝国间共进行了十四五次大的战役，小的战役、局部战役以及遭遇战不计其数。

在天灾、人祸的双重打击下，匈奴帝国在公元前 57 年左右发生分裂，出现了“五单于并立”的局面，再也无力与汉王朝对抗了。此后不久，五单于之一的呼韩邪单于归附西汉，率所部南迁至阴山附近。公元前 33 年，呼韩邪单于对汉称臣，亲自赴长安朝见汉宣帝并请求和亲，汉宣帝将宫女王昭君嫁给他，这就是历史上非常有名的“昭君出塞”的故事。

尽管现在大多数历史学家倾向于认为，西汉是这场大战的胜利一方，但事实情况是，这两大帝国的强盛都在这场耗时持久的拉锯战中消耗殆尽，在击垮匈奴帝国的同时，西汉也开始走向衰落。

西汉与匈奴间的战争随着两大帝国的衰落而一度沉寂，可是在东汉王朝建立之后，匈奴人的实力也得到了某种程度的恢复，两者间再一次继续进行那旷日持久的战争。至公元 48 年，匈奴分裂为南北二部，呼韩邪单于之孙，日逐王比率 4 万多人南下附汉，被东汉安置在河套地区，这就是南匈奴，而留居漠北草原的则被称为北匈奴。

至三国时期，曹操将南匈奴分为五部，安置在今山西境内。这一支匈奴人后来兴起，灭亡了西晋，建立了五胡十六国时期的第一个少数民族政权前赵。但是，在南北朝之后，他们就逐渐融入汉族之中了。据称，唐代著名诗人刘禹锡就有着匈奴人的血统。

还值得一提的是，在西汉末年与匈奴的战争中，《汉书·陈汤传》记载，公元前 36 年的秋天，西域都护甘延寿与副校尉陈汤率军与匈奴郅支单于的军队对峙时，“望见单于城上立五彩幡帜，数百人披甲乘城，又出百余骑往来驰城下，步兵百余人夹门鱼鳞阵”。1955 年，英国牛津大学研究员德效蹇（H. H. Dubs）教授提出，这些为匈奴人布“鱼鳞阵”的，可能是成为匈奴人雇佣兵的古罗马军团。

在此十几年前的公元前 53 年，罗马帝国的执政官，与恺撒、庞培建立“三头同盟”的克拉苏，发动了对位于伊朗高原的帕提亚帝国的战争。但是，在卡莱战役中罗马兵团惨败，克拉苏战死，其子率数千人突围。22 年后，双方议和并交换战俘，可是帕提亚方面声称，没有见到这支突围后的罗马军团。这支罗马军团竟然神秘失踪,这成为古罗马历史上的一个不解之谜。

自德效蹇教授之后,许多西方学者纷纷撰文讨论这一问题,认为这支罗马军团在突围后因无法向西返回罗马,为躲避帕提亚人的围剿,不得不东行进入中亚一带,后来成为匈奴人的雇佣军,协助匈奴人与东汉作战。在战败后,这支罗马军团的许多人被俘并投降汉王朝,为安置这批俘虏,东汉特设骊靬县。“骊靬”一名,就是对希腊语 Alexandria 一名的译音,在希腊语中,此词本来是指埃及的亚历山大,但在汉语中,后来也指罗马帝国,因此才将安置罗马军团的县命名为骊靬。

如此说成立,这些罗马人倒可能是最早见于史书记载的由欧洲来中国的移民,但中国学者大多并不赞同这种说法,认为想象的成分比较大,缺少坚实的史料证据。近来有学者试图通过对古骊靬县所在地,即今甘肃折来寨的当地居民进行 DNA 鉴定,以确定当地居民是否具有欧洲血统,以证实古罗马军团进入中国的说法是否成立。但河西走廊一带自古以来就是多种族群混居的地方,居民血统极为复杂,用这种方法得出的结论恐怕也是靠不住的。

南匈奴投降东汉以后,北匈奴在漠北草原的统治变得越来越难以支撑。他们不仅随时要面对来自南部的东汉部队和南匈奴的联合进攻,原来臣属于匈奴帝国的乌桓、鲜卑、丁零诸族,以及西域诸国,现在也都背叛了匈奴人,并乘北匈奴衰落之机,纷纷展开对北匈奴的进攻。用史书中的说法是:“南部攻其前,丁零寇其后,鲜卑击其左,西域侵其右。”更为严重的是,据竺可桢先生的研究,西汉以后东亚大地气温逐年降低,开始进入一个寒冷期,漠北草原的气候变得严寒,成为不适宜游牧民族活动的地方。在这种不利形势下,大约在公元 89 年至 91 年之间,北匈奴开始走上了漫长的西迁之路。

学界一般认为,北匈奴西迁的第一站是伊犁河流域。

很可能此时的匈奴人还没有下定远走异域的决心,他们将主力西移,一方面是为了躲避东汉重兵的打击,另一方面也是为了控制西域各国,稳住自己的阵脚,以便寻找机会,重新确立他们在蒙古草原的统治地位。因此，在公元 91 年，在金微山（今阿尔泰山）被汉军击败之后，北匈奴西迁至伊犁河流域的乌孙国，仍然出没于天山南北，实施掠夺。在公元 119 年，北匈奴攻陷伊吾（今新疆哈密），杀死了汉将索班。

为与匈奴争夺西域诸国，东汉王朝任命班勇为西域长史，屯兵柳中（今新疆吐鲁番一带）。从此，东汉王朝开始在西域不断地打击北匈奴的势力。班勇于公元 124 年、126 年两次击败北匈奴；汉将斐岑于公元 137 年率军在巴里坤击毙北匈奴呼衍王；公元 151 年，汉将司马达出蒲类海（今新疆巴里坤湖），击败北匈奴。由于在伊犁河流域难以立足，匈奴人进一步向西迁徙。

匈奴西迁的第二站是中亚的锡尔河流域。

在这条流入咸海的内陆河附近，当时存在一个中国史书称之为“康居”的政权。康居的控制地域大体相当于今哈萨克斯坦的东南部。北匈奴不知是出于什么考虑，将老弱留在了乌孙一带，而率精壮部队迁至康居。其留在乌孙的部分后来还形成了一个小政权，史称悦般国。北匈奴人可能是在公元 160 年左右来到康居的，但是他们在康居的活动，因为缺乏史料记载，就不得而知了。至于北匈奴又为何离开康居，开始了他们的进一步西迁，这恐怕是一个永远无法解开的历史之谜了。

匈奴人离开康居之后，他们也就在中国史家的视野中消失了，此后匈奴人的行踪，在中国史书中找不到任何相关记载。直到公元 290 年，他们出现在顿河以东的阿兰国，前后百余年，无论是中国史书还是西方史籍，都没有关于他们的记载。现在学者们仅能从他们最终出现的地方推测，匈奴人应该是经由今天的哈萨克斯坦东南、南俄草原，来到顿河以东的阿兰国的。

没有人知道匈奴人是怎么走过大半个亚洲的。有的史学家推测，他们在西迁途中，可能曾经和一些西伯利亚部族杂居通婚，后来形成了芬兰人的祖先芬—乌戈尔部落。但这种观点也是有待于证实的。

为什么匈奴人流浪了近两百年却始终没有安定下来呢？

究其原因，大概与中亚的地理环境和当时的局势有关。首先，北方森林密布的西伯利亚，对习惯于在草原上游牧的匈奴人来说，显然不是适合生存的地区,因此他们只能期望发现新的草原地带作为自己新的住地。其次,西域的楼兰、龟兹、莎车、车师都已经归附了汉朝,而曾经被匈奴逐出西域的大月氏人建立的贵霜帝国,占据了中亚南部地区,并处于鼎盛时代,因此匈奴人无法在中亚立足,不得不继续西行。当然,也有的历史学家认为,草原民族之所以习惯于西向迁徙,与地理条件有关。

> 游牧民迁移方向一般是自东向西,因为欧亚大草原的地理坡度使大草原西部水源较充足、土地更肥沃,吸引着东方的游牧民。主要的入侵路线都起自北京附近,沿着横贯欧亚大陆中部的草原走廊,止于中欧匈牙利平原。这也就是为何如此众多的游牧民族抵达今匈牙利后,不再四处迁移的原因。他们以匈牙利为基地,袭击周围各欧洲国家。
>
> 〔美〕斯塔夫里阿诺斯《全球通史》

匈奴西迁的第三站是顿河以东、里海以北。

我们甚至无法想象,当年的匈奴人经历了怎样的艰辛,才完成了这一堪称壮举的西迁。我们只是知道,当他们出现在顿河以东、里海以北的时候,就征服了当地的阿兰国。在阿兰国休整之后的匈奴人终于恢复了他们昔日的雄风,从此,他们不再是旷野中的流浪者,而真正地成为要开始向西征服欧洲的勇士了。

此后,匈奴人的西迁就步入了最后一个阶段,他们开始了对欧洲东部的征服,并最终在那里建立了一个令所有欧洲君主感到恐惧的帝国。

公元 374 年,匈奴人在大单于巴兰姆伯尔(Balember)的率领下,开始了新一轮的征服活动,由此引发了改变欧洲历史命运的多米诺式的族群迁徙。

在渡过顿河以后,匈奴人向居住在顿河和德涅斯特河之间的东哥特人发动了进攻。号称勇猛的东哥特人惨败,国王赫曼立克(Hermanrik)

自杀，继位的维席密尔(Vithimir)在苦苦支撑了几个月以后，兵败被杀。赫曼立克之子率领一部分东哥特人向匈奴人投降，大量的东哥特人渡过德涅斯特河，迁往西哥特人的居住区避难。

匈奴人尾随其后，追击到西哥特人的居住地。西哥特人在德涅斯特河摆下阵势，准备迎击匈奴，而匈奴人却趁夜晚偷偷从德涅斯特河上游渡河，然后抄袭西哥特人的背后，西哥特人惨败，只得向西逃往多瑙河。

关于匈奴人的入侵，罗马帝国后期历史学家阿密阿那斯·玛西里那斯(Ammianus Marcellinus)在其所著《历史》一书中写道："这种惊人的消息传到哥特人其他部落那里，他们听到说一种以前没有听说过的人，不知从地球的何处，如高山上的暴风雪般地骤然来临，碰到他们的东西都遭到抢夺、破坏。"

有大约20万西哥特人，在首领弗立铁真(Fritigern)的率领下，进入罗马帝国的境内避难。由于受到罗马人的残酷压榨，最终引发了西哥特人在罗马帝国境内的一场大规模骚乱。公元378年，罗马军队在与哥特人的战斗中失利，罗马皇帝瓦伦斯与4万禁卫军全部战死。至公元382年，罗马政府被迫与哥特人签订和约，允许哥特人和阿兰人在罗马境内建立自治区。哥特人的到来加重了罗马帝国内部的矛盾，至公元395年，罗马帝国分裂，西罗马定都罗马城，管辖西欧、北非；东罗马定都君士坦丁堡，管辖东欧、西亚。

公元395年冬，匈奴人攻入色雷斯，大掠而返。公元400年，匈奴人再次攻入色雷斯，此后对色雷斯连年侵扰。也是在这一年，匈奴人开始向东罗马帝国发起进攻，多瑙河流域连片的土地被匈奴人攻占，留居该地区的日耳曼部落再一次开始逃亡。东罗马无力抗击匈奴，只能以每年输送若干黄金的方式来苟延残喘。公元431年，东罗马帝国不得已答应，除每年向匈奴交纳贡税外，还允许匈奴人在境内的几个城镇进行互市。

与此同时,以哥特人为代表的日耳曼人各部落开始在罗马帝国的境内横冲直撞,当然,匈奴人、阿兰人也加入到侵扰罗马帝国的行列之中。在受到一系列劫掠之后,大约至5世纪70年代,西罗马帝国的领土已经基本被日耳曼人部落瓜分殆尽,西哥特人统治西班牙,东哥特人统治意大利,汪达尔人统治非洲北部,还占领了西西里岛、撒丁岛,法兰克人和勃艮第人统治高卢,罗马帝国的皇帝也成为日耳曼人手中的傀儡。公元476年9月4日,日耳曼人首领奥多亚克废黜了最后一位罗马皇帝罗慕洛,西罗马帝国正式灭亡。此后,欧洲进入了一个混乱的“蛮族”化的时代,而这一切不能不说是起源于匈奴人的西进。

从某种角度来说,匈奴人促成了欧洲历史发展的转折。他们把丛林里的日耳曼人推上了历史舞台,并与他们一起如摧枯拉朽般地结束了罗马人的时代。帝国历史的消失,带来了由各个封建国家组成的西欧多元政治格局的开始。

2.2 最后的单于阿提拉

在匈奴人出现在欧洲之后,欧洲的历史学家对他们有着非常详细的记述。也正是因为有了欧洲历史学家们的记载,进入欧洲之后的匈奴人的历史,我们现在基本上还是清楚的。

匈奴人较其他蛮族更加野蛮。他们生下孩子以后,就用钢刀在孩子们脸上划上深沟,这样孩子们长大了要生胡须的时候,疮疤就可以制止胡须的生长。所以到了老年,他们还没有胡须,样子很难看,犹如宦官。但是他们有强壮的四肢,有粗壮的脖颈,形态丑陋,看起来很像两条腿的野兽,又像是被人粗加砍制,用来架在桥梁两头的木头偶像。

这些人虽具人形,但在生活上是极其野蛮的,他们不用火来烹调食物,也不用任何调味品。他们的食物只是野生植物的根,和不论是什么野兽的半生的肉。他们只将兽肉放在他们的大腿与马背间温一下就生吃下去。他们没有房屋，他们躲避房屋如同躲避坟墓一样。在他们居住的地方一座茅屋也没有。他们只是在山林之中漫游，自幼就学会了忍饥耐渴、不怕寒凉的本领。在离开家乡的时候，除非绝对必需，他们永远不会进入人家的房屋，因为他们觉得在屋顶之下是不安全的。

他们穿着用麻布或地鼠皮缝制的衣服，在家、出外都是如此。衣服一经穿上后，就不再脱下来，也不更换，一直到完全破敝碎落，不能再穿时为止。他们头上带着圆形小帽，用山羊皮围着他们多毛的腿。他们的鞋不是用鞋形来制作的，致使他们行动起来非常不便。因此，他们不善于徒步作战，而是整天骑在马上。马很强壮，但是并不好看。有时他们用妇女骑马的样式，以便进行日常工作。他们每个人都不分昼夜地在马上进行买卖，在马上饮食，将头俯在马脖子上酣睡，在马上做梦。

最开始领导匈奴人的是乌尔丁大单于。在乌尔丁在位期间，匈奴人夺得了整个多瑙河盆地，并一度攻入了意大利。也正是从乌尔丁的时代开始，进入欧洲的匈奴人逐渐走向强盛。据说，乌尔丁单于曾经不可一世地对东罗马帝国色雷斯省的总督说道："凡是太阳能照射到的地方，只要我愿意，我都能征服。"

但此后不久，乌尔丁就在一次侵扰东罗马帝国的战斗中，在撤退时遭遇罗马军队的伏击而死。在乌尔丁之后，是多纳图斯和察尔托的短暂统治，而后奥克塔和他的弟弟路加成为新的统治者。公元 431 年，奥克塔在一次勃艮第人的袭击中丧生，而后路加成为匈奴人唯一的大单于。

路加大单于的"业绩"主要在于，曾经两次进攻东罗马帝国，并率领匈奴骑兵蹂躏了色雷斯和马其顿，逼迫东罗马帝国的皇帝每年向匈奴帝国缴纳年贡 350 磅黄金。但仅仅 3 年之后，路加单于在公元 434

年去世,他的两个侄儿阿提拉和布列达共同继承了王位。这个阿提拉就是后来被欧洲人称为"上帝之鞭"的匈奴最后一位伟大的单于,在他的领导下,匈奴帝国呈现出最后的辉煌,只不过这种辉煌却是昙花一现的。

关于阿提拉早年的生活情况我们知道的不多。他的父亲是前任大单于路加的弟弟,似乎做过匈奴人的一位"小王",但是并没有什么出色的表现,至少是没有什么值得历史学家写入他们的记录的业绩。有的书中说,阿提拉出生于公元 395 年,就是罗马帝国分裂的那一年,但更为通行的说法是,他可能出生于公元 407 年前后,就是乌尔丁大单于去世前后。在他很小的时候,匈奴与东罗马帝国签订和约,并相互交换人质,阿提拉曾经作为匈奴人派出的人质,被送到东罗马帝国。

曾经于公元 448 年跟随马古西斯(Maximin)领导的使节团出使匈奴帝国的普利斯库斯,在他的《出使匈奴王廷记》一书中描写过阿提拉的相貌:"身材矮小,胸膛广阔,头大眼小,胡须稀疏而呈灰色,鼻子扁平,体形长得不太匀称。这些都是匈人常见的特征之一。"

路加大单于去世后,阿提拉和他的哥哥布列达共同继承王位,而在此之前,还曾有过奥克塔和路加共同继承王位的情况。我们不知道西迁之后的匈奴人是否存在"双王制",但当他们还生活在中国北方的蒙古草原的时候,这种情况却肯定是不存在的。不过,两位单于即位以后,马上以单于人数的增加为借口,要求东罗马帝国将奉献给匈奴单于的年贡由每年 350 磅黄金上涨到每年 700 磅黄金。慑于匈奴人的武力,东罗马帝国于公元 435 年与匈奴人签订了《马尔库斯条约》,完全接受了匈奴人所提出的条件。

罗马人虽然签订了屈辱的条约,但毕竟使他们暂时躲过了匈奴人的进攻。在《马尔库斯条约》签订以后,布列达和阿提拉满足于东罗马增加了黄金年贡,便取消了南下的念头,开始了东征西讨。在东罗马帝国疆域以北，匈奴骑兵扫荡了所有不承认大单于权威、不肯向匈奴帝国称臣纳贡的力量。

在10年之后，布列达于公元445年莫名其妙地去世，有人说是遇刺身亡，历史学家们都怀疑是阿提拉暗害了布列达。但不管怎么说，在布列达去世后，阿提拉成为匈奴帝国唯一的大单于。

在此之后，阿提拉领导匈奴骑兵东征西讨，取得了一系列辉煌的胜利。

在东南方向，阿提拉在公元447年大举进攻东罗马帝国，匈奴骑兵一直打到达达尼尔海峡和希腊的温泉关。东罗马帝国被迫求和，阿提拉要求东罗马立即支付战争赔款6000磅黄金，并将东罗马的年贡提高到每年2100磅黄金。

在西南方向，阿提拉在公元452年大举进攻西罗马帝国，匈奴骑兵翻过阿尔卑斯山，攻入意大利，势如破竹，直逼罗马城下。据说，就在已经没有任何军事力量可以保护罗马这座"圣城"的情况下，教皇利奥一世出城去见阿提拉谈判，以他的口才和威严折服了阿提拉，使阿提拉感受到了上帝力量的伟大，因而主动撤兵了。后来这件事还有了更加神乎其神的版本，说是圣彼得和圣保罗拿着宝剑在阿提拉面前显圣，告诉阿提拉，如果不撤兵就砍下他的脑袋。这一传奇故事后来被著名画家拉斐尔绘成一幅壁画，至今还保存在梵蒂冈。但真实的情况是，以利奥一世为代表的使团承诺缴纳巨额赎金，同意阿提拉把在北方掠夺的全部财富带回匈奴帝国，同意在交换俘虏时只要军官和士兵，放弃所有妇女、儿童和没有人身自由的奴隶。

在西方，阿提拉于公元451年出兵高卢，匈奴骑兵冲入今天法国境内。在高卢城镇接连失守之后，这一年的6月20日，在马恩河畔的沙隆镇，西罗马和西哥特人组成的联军最终与匈奴主力部队展开了决战。据说战斗刚刚进行了5个小时，双方就已经战死了165000人，战争的惨烈程度于此可见一斑。这是阿提拉唯一一次没有获得胜利的战争，因为这个原因，今天法国的南部地区才没有受到匈奴人的破坏。

阿提拉的骑兵对欧洲各地的破坏是非常严重的，被他们攻克的城池常常被杀得遍地白骨。有一座位于多瑙河以南一百多英里的尼斯查瓦河畔的城市,被匈奴人摧毁得非常彻底,以至于数年后罗马使者前往晋见阿提拉经过此处时,仍可见岸边累累白骨,城内尸臭熏天。甚至欧洲人流传着这样的说法:被阿提拉马蹄践踏过的地方,青草也不会再次生长。

在阿提拉在位期间,匈奴帝国的疆域达到了极盛,东达里海,北至北海,西到莱茵河,南越阿尔卑斯山。东罗马帝国以北的中欧、东欧各地,几乎都处于匈奴人的统治之下,连俄罗斯北部森林地带的斯拉夫人和芬兰人也受其统治。

公元450年,阿提拉甚至要求娶西罗马皇帝的妹妹荷诺利亚公主为妻,并要求西罗马帝国拿出一半的国土作为嫁妆。由于西罗马皇帝的答复是,荷诺利亚已经与他人定有婚约,而且按照罗马人的风俗,女子并不享有继承权,即使荷诺利亚公主嫁给阿提拉,也不可能拿国土作为嫁妆,为此,阿提拉的骑兵再一次洗劫了西罗马帝国。

但是,就在匈奴帝国的势力如日中天的时候,阿提拉却在与日耳曼公主伊尔迪科的新婚之夜里突然神秘地死去。

关于阿提拉之死,流传着种种看起来同样离奇的说法。或是怀疑他遇刺,从前东罗马帝国也确实曾策划过对阿提拉的暗杀;或是说他死于伊尔迪科的投毒,传说伊尔迪科是用一种产于匈牙利草原的鸩鸟的羽毛拂过阿提拉的酒杯,使这种鸟羽中的剧毒留在酒中。但是,通常的说法是,在公元453年的一天,阿提拉与年轻漂亮的日耳曼公主伊尔迪科举行了盛大的婚礼。当晚,阿提拉醉醺醺地走进洞房。次日清晨,因阿提拉反常地迟迟没有起身,他的亲信卫兵们最终忍不住冲入他的房间,却发现阿提拉已因鼻血倒流入气管窒息而死。据说,就在阿拉提死去的那个夜晚,罗马皇帝在睡梦中看到阿提拉的弓被折断了。

匈奴人中再也没有出现过像阿提拉那样能将所有匈奴人凝聚在一起的大单于。就在阿提拉去世之后,匈奴人因为由谁来继承阿提拉的权位而导致了内战。饱受匈奴人欺压的周边民族乘虚而入。公元454年,东哥特人和吉皮特人的联军在今匈牙利境内与匈奴人展开激战，匈奴人惨败，阿提拉的长子埃拉克被杀。此后，一部分匈奴人被迫退回到喀尔巴阡山以东。到了公元 461 年和公元 468 年，阿提拉的另一个儿子邓直昔克两次率兵进攻匈牙利和巴尔干，企图重建匈奴人在欧洲的霸权，但却以兵败被杀而告终。在此之后，匈奴人就退出了欧洲的历史舞台，在历史的长河中神秘地消失了。

有些人认为，今天的匈牙利人就是匈奴人的后裔，并举匈牙利人与其他欧洲民族的种种差异性为证，但是，多数历史学家对此是持否定态度的。可能匈牙利人包含有一定的匈奴人的血统，但直接将匈牙利人确定为匈奴人的后裔却是错误的。但这种观点在民众中还是相当有市场的，2004 年底，曾经有 2500 多名匈牙利公民向政府提出申请，要求承认他们是“匈奴族”，但未得到批准。

阿提拉，匈奴人最后一位伟大的单于，虽然成为历史的匆匆过客，但其对历史的影响已经深深地印在当地人民的记忆中。至今在匈牙利和土耳其，阿提拉仍然是男孩子们常用的名字，甚至有人自称是阿提拉的后代。

不过，在西方人的记忆中，匈奴族却逐渐成为穷凶极恶的代名词。在二战期间，欧洲就有人称希特勒的德国兵为匈奴人。然而，除了破坏之外，匈奴人还以特别的方式对欧洲历史产生影响。据说，正是逃避阿提拉与匈奴骑兵的人们，最初在亚德里亚海滨那充满沼泽的半岛上，奠定了威尼斯城的基础。令人意想不到的是，历经数百年的经营之后，这里竟然成为欧洲资本主义的发源地和文艺复兴的发源地之一，在这里形成的威尼斯共和国成为欧洲近代历史的一缕曙光，这座美丽的水城现在已经是举世闻名的历史名城。

2.3 走出鲜卑山

在匈奴人兴起之前，在他们的东方就活动着一支十分古老的族群。由于他们也是从事游牧业，风俗的各方面与匈奴人存在着明显的相似性，因而称匈奴为“胡”的中原人，就将这一支游牧民族称为“东胡”。

对于东胡族的早期历史中国的史书记载有限,但我们还是可以发现,东胡族的历史似乎一直就是与迁徙相伴随的。他们最初生活在今天西辽河上游的西拉木伦河和老哈河流域。在战国时期,他们受到强盛的燕国的进攻,曾经作为燕国的人质在东胡人中生活过的燕国名将秦开,由于对东胡人的作战方式非常熟悉,率领燕军轻而易举地打败了东胡人,使他们不得不向北撤退了千余里。可能是在燕国受到秦国的进攻,无暇北顾之后,东胡人又逐渐南下,重新占据了西拉木伦河和老哈河流域。

在匈奴冒顿单于杀父自立之后,强大的东胡人并没有将他放在眼里。在冒顿刚刚即位后不久,东胡王就两次派使者来见冒顿,一次是向他索要头曼单于的千里马,另一次是索要单于的爱妾,冒顿都马上服从。这使东胡王对冒顿更加轻视,他第三次派出使臣,对冒顿单于说:“我们两国之间有一千多里的空地,反正匈奴人也不会到这里来,就送给我们吧。”冒顿单于征求大臣们的意见,有的大臣认为,这一带都是荒弃之地,送给东胡人也无所谓。这一次,冒顿单于却勃然大怒,说:“土地是国家的根本,怎么能给人呢!”于是他杀掉了主张给东胡土地的大臣们,立即发兵进攻东胡。东胡王认为冒顿是一个非常懦弱的人,对他没有任何提防。在冒顿单于的全力进攻下,东胡人大败奔逃,东胡国被冒顿单于轻而易举地灭亡了。

战败后的东胡人分为两支,一支迁徙到乌桓山,一支迁徙到鲜卑山,前者发展为后来的乌桓人,后者发展为鲜卑人。

关于乌桓山、鲜卑山的所在地,长期以来一直是历史学家们聚讼纷纭的问题。直到1980年,在内蒙古呼伦贝尔盟鄂伦春自治旗阿里镇西北十余公里的嘎仙洞的石壁上,发现了北魏留下的刻石祝文以后,大多数历史学家才承认,嘎仙洞所在的大兴安岭北麓,就是鲜卑山的所在地,就是鲜卑人的原居住地。乌桓山的所在地现在虽然还不能确指,但肯定是在鲜卑山以南,应是指大兴安岭中段的某座山。

随着控制蒙古草原的匈奴人的衰落,乌桓、鲜卑这两个原来隶属于匈奴帝国的民族,开始逐渐南下。乌桓人的南迁要早于鲜卑人,他们最初是迁至长城以北，分布于中原地区郡县的边缘地区，依附于汉朝，后来干脆就迁入郡县辖区以内了。在东胡人的老根据地，西拉木伦河和老哈河流域，曾形成一个乌桓各部落的强大联盟，史称“三郡乌桓”，因为在汉末军阀争霸战中，他们支持曹操的对手袁绍，而受到曹操的打击。乌桓人战败投降后，被曹操改编为骑兵部队，从此帮助曹操打天下，为曹操平定北方立下了汗马功劳，被称为“天下名骑”。

在乌桓人南迁之后，活动在其北方的鲜卑人也就随之南下了。考古学家们估计，鲜卑人从大兴安岭北麓，今嘎仙洞附近，沿大兴安岭两侧南迁，最初是进入今呼伦湖附近，并在这里停留了大约两个世纪。而后他们沿着乌桓人的足迹，进一步南下，进入西拉木伦河一带。另有一支可能是自呼伦湖西行进入蒙古草原，后来又南下至今内蒙古自治区的中部地区。虽然对于鲜卑人的迁徙路线学者们还语焉莫详，但可以肯定的是，至晚在公元1世纪，他们已经分布在东起辽东半岛的辽河流域，西至甘肃敦煌的广大地域了。

乌桓人、鲜卑人等原来生活在北方草原的民族，在同一时期里纷纷南下，这其中可能存在着气候方面的原因。根据竺可桢先生《中国近五千年来气候变迁初步研究》一文可知，中国古代气温呈周期性变化，在东汉以后，包括整个魏晋南北朝时期，是中国历史上持续时间最长、年积温最低的一个寒冷时期。由于气候的变化，北方草场受到低温的影响，载畜量降低，使北方民族的游牧业受到沉重打击，为了生存，他们不得不迁往气温较高的南方。

表2－1　中国近五千年的气候变迁

<table>
<tr><td>考古时期</td><td colspan="2">公元前3000—前1100年</td><td>夏商温暖期</td><td>暖一</td></tr>
<tr><td rowspan="6">物候时期</td><td rowspan="6">公元前1100—1400年</td><td>物候一期</td><td>周初寒冷期</td><td>冷一</td></tr>
<tr><td>物候二期</td><td>周以后的温暖期</td><td>暖二</td></tr>
<tr><td>物候三期</td><td>东汉以后的寒冷期</td><td>冷二</td></tr>
<tr><td>物候四期</td><td>唐代温暖期</td><td>暖三</td></tr>
<tr><td>物候五期</td><td>北宋开始的寒冷期</td><td>冷三</td></tr>
<tr><td>物候六期</td><td>13世纪中期温暖期</td><td>暖四</td></tr>
<tr><td>方志时期</td><td colspan="2">公元1400—1900年</td><td>明清寒冷期</td><td>冷四</td></tr>
</table>

北匈奴西迁之后，鲜卑人乘机进入蒙古草原，填补了匈奴人留下的空间。史书记载，留在蒙古草原没有西迁的匈奴人尚有10余万户，他们都加入到鲜卑族当中来，这使鲜卑人的势力迅速膨胀。

大约在公元2世纪中叶以后，檀石槐最终统一鲜卑各部，在今山西省阳高县以北300里的弹汗山建立了自己的王庭，并领导鲜卑人打败北方的丁零、西方的乌孙，以及东方的夫余人，完全控制了蒙古草原。按《魏书》记载，檀石槐控制下的地区南北达7000余里，东西达12000余里，苍茫大漠，巍峨祁连，竟全部成为鲜卑牧羊纵马之地，檀石槐的声势一时无两。但是，檀石槐英年早逝，继承人无能，鲜卑各部自行其是，檀石槐建立起来的鲜卑大联盟迅速瓦解。此后虽然有轲比能试图重新统一鲜卑各部，但在中原王朝派刺客刺杀轲比能之后，鲜卑人的分裂就成为无法挽回的了。

不知是从何时开始，鲜卑人分为三大集团，东部鲜卑、拓跋鲜卑和西部鲜卑。东部鲜卑包括慕容部、段部和宇文部，占据东胡故地。西部鲜卑则广布河西走廊至新疆东部，甚至远迁中亚。而拓跋鲜卑后来南迁中原，建立了与汉族政权对峙的北魏，开启了中国历史上的南北朝时期。在拓跋部兴起以后，鲜卑各部基本都被其征服。在北魏统治期间，他们不仅发展为一个新的民族共同体，还作为统治民族继续南下，进入黄河流域，并最终融入汉族之中。

还值得一提的是，慕容部的一支，包括1700余家部众，曾在其首领吐谷浑的率领下远迁今青海，其后裔发展为吐谷浑族，并在青藏高原边缘建立了自己的政权，一直存在到唐代。有的学者认为，今天的土族，就是吐谷浑人的后代。

关于吐谷浑西迁的起因，《晋书》中记载着这样一则故事：在慕容部的首领涉归去世后，由其嫡长子慕容廆继位，但涉归另划出一部分部众给慕容廆的庶长兄吐谷浑管理。有一次，因两部落马匹相斗，慕容廆便怒气冲冲地对吐谷浑说："既然先父让我们分属不同的部落，为什么不彼此远离，而让马匹相斗呢！"吐谷浑回答说："马是畜生，争斗是它的天性，你为什么要迁怒于人呢！既然如此，我要离开你到万里之外。"说罢便率部西迁。慕容廆悔恨不已，派遣楼冯追回吐谷浑。但吐谷浑对楼冯说："这是天意！你可以试着把马往东驱赶，如果马肯回去，我也跟着返回。"楼冯便让手下兵士把马向东驱赶，但只走了数百步后，群马就悲鸣着掉头西奔。这样反复了十几次，楼冯最终跪在地上说："这真是天意啊，不是我等所能阻挡的。"就这样，吐谷浑率部西去。据说慕容廆因思念兄长，而创作了《阿干之歌》。"阿干"一词，在鲜卑语里是兄长的意思。

根据陈澄之《伊犁烟云录》记载，在甘肃省兰州附近的阿干镇，曾流行一首叫《阿干之歌》的民谣，其歌词是："阿干西，我心悲，阿干欲西马不归。为我谓马何太苦？我阿干为阿干西。阿干身苦寒，辞我土棘住白兰。我也落入不见阿干，嗟嗟，人生能有几阿干！"陈澄之认为这就是当年慕容廆所做的《阿干之歌》。然而遗憾的是，这首凄美的诗歌在中国史书中仅多次提到其名字，并未见到有关其歌词的记载，陈氏所说也难以作为定论。

西迁的鲜卑部落最著名的当数秃发鲜卑和乞伏鲜卑。

大约是在公元219年至256年之间，秃发鲜卑在其首领匹孤的率领下，从塞北阴山、河套一带沿着黄河两岸，顺着贺兰山脉东麓南下，到达今甘肃河西、陇西以北，即今内蒙古额济纳旗至宁夏回族自治区的北部，后来他们整合西迁的鲜卑部落，建立了南凉政权。

乞伏鲜卑也被称为陇西鲜卑。大约在东汉中后期，乞伏鲜卑从漠北草原南迁到大阴山。在公元256年左右，在其首领乞伏祐邻率领下南迁至今河套以南，随后又西迁至今贺兰山脉东北段的乞伏山，距今银川市和黄河较近。在乞伏结权为部落首领时，乞伏鲜卑迁徙到位于今甘肃兰州市榆中县东北之奔屯山，并曾一度臣属于秃发鲜卑。后来乞伏鲜卑也建立了自己的政权，就是史书所载的西秦。在鲜卑人的西迁浪潮中，可能还有一支鲜卑人进入了中亚，这与后来立国于中亚地区的嚈哒人有关。

2.4 嚈哒人在中亚的帝国

继大月氏人之后,又一个来自东方的民族迁入中亚并建立了自己的帝国,这就是嚈哒人。

如同大多数游牧民族一样,嚈哒人没有自己的文字,自然也就没有其本民族的史书流传下来。由于他们曾经立国于中亚,正处于欧亚大陆东西方交通的必经之路,他们的历史散见于东西方各国的史书记载之中。但这些记载不仅零散,而且相互矛盾,就是其族名也存在着多种不同的记载。

中国史书中也称嚈哒人为"嚈达"、"嚈怛"、"悒怛"、"挹阗",称他们建立的国家为滑国。拜占庭史书中称他们为Ephthalitai、Hephthalitai 或 Abdelai;亚美尼亚史书中称他们为Hep't'al;波斯史书中称他们为 Heftal;阿拉伯史书中称他们为 Haial,或 Hayatila;而印度的碑刻铭文中则作 Huna,印度的文献中作 Sveta Huna,即白匈奴。4—8 世纪起源于欧亚草原上的北方游牧民族多被称为"匈奴"或"匈人",嚈哒人被称"匈奴"或"匈人"并不奇怪,奇怪的是,他们也还被称为"寄多罗匈人"、"贵霜匈人"或"匈奴贵霜"。从其称号的复杂性中我们可以窥见嚈哒人历史的复杂与神秘。

嚈哒人的族源是更为复杂难辨的历史学难题,目前学者们有十几种不同的猜测,但没有一种可以称得上是定论。《梁书·滑国传》说嚈哒人的语言"待河南人译然后通",此处的河南人是指当时已经迁入黄河以南的吐谷浑人,嚈哒人与出自鲜卑的吐谷浑人语言相通,说明嚈哒人与鲜卑人渊源很深。按嚈哒史专家余太山先生的看法,嚈哒人最初可能是乞伏鲜卑的一支。

源自大兴安岭、兴起于浑河流域的高句丽人,在今吉林集安保存着他们的古都遗址与各种古迹，高句丽五部中的"灌奴部"趁西晋内乱内迁到辽东地区。自公元1世纪鲜卑人大量进入辽东半岛北部地区以后，鲜卑人就已经成为在辽东、辽西占有优势地位的民族。随着东部鲜卑三大部，慕容部、段部、宇文部的兴起，鲜卑人成为东北的南部地区的统治民族，因此，进入这里的高句丽灌奴部的民众很快地鲜卑化了。到东晋时，这支鲜卑化的高句丽人与一些鲜卑人的部落相融合，以鲜卑人的面目逐步迁徙到高平川地区（今宁夏固原一带），这就是我们前面提到过的乞伏鲜卑。

最初的乞伏鲜卑由如弗、斯引、出连、叱卢四部组成，我们可以肯定，其中的如弗部出自鲜卑，这一支鲜卑人后来被称为"乞伏"鲜卑也与此有关。现代学者多认为，乞伏部包含鲜卑、羯胡、匈奴和敕勒等民族成分，是一个十足的"杂胡"。

大概在公元371年，前秦苻坚发动了对乞伏鲜卑的战争。在受到沉重打击后，乞伏鲜卑分裂，一部分投降前秦，在淝水之战后复兴，建立了自己的政权，这就是西秦；一部分留在了塞北，依附拓跋部，慢慢地融入拓跋鲜卑之中；另一部分乞伏鲜卑人则开始了进一步的西迁。

西迁的乞伏鲜卑人又分为两支，一支到达美丽的青海湖畔，成为后来的乙弗敌；另一支则越过阿尔泰山、伊犁河流域最终进入中亚，发展为后来的哌哒。有些中国史书称哌哒人的发源地在今天的阿尔泰山，可能他们在迁徙的过程中，在阿尔泰山停留的时间较长。

由于受到东方新兴起的柔然势力的挤压，哌哒人的祖先不得不离开阿尔泰山，向更遥远的西方走去。他们也不知道自己的目的地何在，只是在无意中，他们踏上了从前的游牧民族所走过的西行之路，向西进入伊犁河流域。

沿途没有路标，指引他们的是水草与河谷。循水草西迁的中国北方草原民族的归宿只有两个，如果他们在越过阿尔泰山脉之后，不向西南进入中亚地区的话，限于地理环境，他们就只能一路向西进入俄罗斯草原了。月氏人、哌哒人走的是前一条路，而西迁的匈奴人走的是后一条路。

大约在4世纪70年代初，哌哒人经过巴尔喀什湖及楚河流域，来到中亚的索格底亚那，他们顺利地控制了柴拉夫善河流域。为免遭柔然人的袭击，在此期间哌哒人向柔然称臣，并与柔然通婚，曾经有三位哌哒王的妻子都是柔然首领婆罗门的姊妹。

位于中亚阿姆河、锡尔河之间的索格底亚那是一个神秘的地方。公元前6世纪到公元前4世纪，这里曾是波斯帝国的组成部分；在亚历山大东征之后，塞琉古王国曾经统治过这里；接下来，是西迁的大月氏人占据了这里，开始建立贵霜帝国。在进入中亚以后，哌哒人因与当地居民通婚，或者是因为有当地的部落加入哌哒人，使哌哒人已经开始具有白种人的某些特征。有些史书中称哌哒人为"白匈奴"，恐怕也是因为这个原因。

在鲜卑人持续数百年之久的迁徙浪潮中，哌哒人是鲜卑人在西迁的道路上走得最远的一支，但关于他们迁徙的历程，中外史籍却都语焉不详。我们只知道，这支鲜卑人一支保持着游牧风俗，始终是马背上的民族。正是游牧生活的机动性使他们有能力自东北亚走到万里之外的中亚，并征服当地在很大程度上已经转操农业与商业的民族。在中亚，在这个东西交往的咽喉要道，多种民族与文化的交融之地，哌哒人建立起自己的国家。

哌哒人强盛时有40多个属国，但我们却搞不清楚其首都所在地。有人认为，哌哒人自伊犁河流域西迁之后，就已经在楚河流域的怛罗斯河流域建立了都城；也有人认为，直到哌哒人的国家被突厥人灭亡以前的20年左右，哌哒人才开始走向定居，才有了自己的第一处都城。从哌哒人一直保持着游牧的习惯来看，后一种情况似乎更为可能，前期的所谓都城，大概不过是哌哒人首领的驻牧地。

游牧的哌哒人虽然有足以征服的武力，但习惯于随水草迁徙的哌哒人却不知道应该如何管理和统治，他们只是满足于属国的称臣纳贡，让其在自我管理中过着与从前一样的生活，而他们自己也过着与从前一样的生活，和他们的畜群一起在中亚草原上游荡。

哌哒人也在继续着他们的征服活动，他们以中亚为根据地，西击波斯、南征印度，对西亚和南亚的历史都形成了深远的影响。

公元224年，波斯大贵族阿尔达希尔灭亡了安息王国，建立萨珊王朝。仅仅7年之后，他就致书罗马皇帝塞维鲁，要求罗马人的势力退出亚洲，由此波斯帝国与罗马帝国展开了持续近一个半世纪的拉锯战。直到公元375年以后，罗马帝国忙于应付日耳曼人的入侵而无暇东顾，两大帝国间才逐渐进入停战状态。就在波斯帝国想要调整国力以便最终击溃罗马帝国时，嚈哒人出现在波斯帝国的东方，并很快成为波斯人的劲敌。

此时波斯的统治者是巴赫兰国王，是有名的智勇双全的君主，因为他爱好猎取野驴，又被称为巴赫兰·固尔（野驴之意）。在谋夫地区的库斯梅汗，嚈哒人落入巴赫兰布下的埋伏，国王被杀，王后及许多王室成员被俘。对于所向披靡的嚈哒人来说，这次战败的打击是巨大的，嚈哒人不得不主动向波斯求和，双方缔结了和平条约，并在塔里寒修筑了一座石塔作为标志性界碑。

但到了巴赫兰的儿子耶斯提泽德二世时，波斯因王位继承问题出现了内乱。波斯王子俾路斯逃到嚈哒人的聚居地，嚈哒王阿赫勋瓦尔派出3万大军帮助俾路斯回国争夺王位。这一次，嚈哒人轻而易举地获得了胜利，将俾路斯拥上了波斯王的宝座，嚈哒的势力自然也就凌驾于波斯之上。

几乎就是在西击波斯的同时，嚈哒人也开始了南向的征伐。他们首先是再次打败了他们的老对手大月氏人，并追击战败后的大月氏人，越过兴都库什山南进。在控制兴都库什山南北以后，与从前的大月氏人一样，嚈哒人也开始从喀布尔出发去征服印度。此时统治印度各地的是在印度历史上鼎鼎大名的笈多王朝，在塞建陀·笈多的指挥下，有效地抵御了嚈哒人的入侵。大约至5世纪70年代末，嚈哒人最终消灭了喀布尔河流域犍陀罗地区的贵霜残余势力，为其南下扫清了道路，也是在这次征服过程中，这个犍陀罗艺术的发源地遭到毁灭性破坏。

5世纪末，波斯帝国已经成为嚈哒人的属国，嚈哒人将用兵的重点转向了南方，乘笈多王朝衰落之机，以犍陀罗地区为基地，开始大举进攻印度。到公元500年前后，哌哒人就已经占领了朱木拿河和恒河流域。在公元510年前后，哌哒人推进到埃兰附近，此后，他们甚至到达了东部城市、笈多王朝的发祥地华氏城。哌哒人国家的势力达到了鼎盛。

在大举进攻印度的同时，哌哒人也积极向塔里木盆地发展，沿西域的南、北道自西向东推进。在北道，其势力曾抵达焉耆以东；在南道，哌哒人的势力曾东达于阗。西域地区的强国疏勒、姑墨、龟兹等都成为哌哒人的属国。鼎盛时代的哌哒人的疆域包括葱岭以西的河中地区，阿姆河以南至兴都库什山以北和印度西北部，以及葱岭以东的今新疆南部和楚河、怛罗斯河流域。

但在此后不久，新兴起的突厥人就给哌哒人带来了灭顶之灾。西突厥利用波斯与哌哒间的仇怨，同波斯萨珊王朝的君主库思老一世结盟，双方约定由东西两线夹击哌哒。

大约在公元565年，西突厥以及臣附于突厥的敕勒等部族组成的10万大军，开始了对付哌哒人的西征。此后不久，波斯军队也自西线向哌哒人发起了进攻。处于衰落中的哌哒苦苦支撑，但仅仅3年之后，在公元558年左右，突厥和波斯两国军队在阿姆河会师，曾经盛极一时的哌哒国家灭亡了。西突厥与波斯大体上以阿姆河为界，瓜分了哌哒人的领土。

在哌哒人的国家灭亡以后，哌哒余众散处北亚、中亚和南亚次大陆各个地区，只要是哌哒人曾经征服过的土地都有他们后人的身影，只不过他们不再是强大的哌哒，而是融入了当地民族，从此在历史上消失了。有人认为，18世纪创建的阿富汗国的第一任国王，出自普什图人的核心阿布达里部落，而“阿布达里”正是古代的“哌哒”。

2.5 一个奴隶的神话：柔然

公元6世纪中叶，当对匈奴人的恐怖记忆还萦绕在欧洲上空的时候，一支叫做“阿瓦尔”的亚洲游牧民族再次冲进欧洲，一时间，匈奴人横扫两大罗马帝国的噩梦似乎又回来了，欧洲国家接二连三被阿瓦尔人攻占或是洗劫。

有学者列出历史上西方文明面临覆灭的几次"最危险时刻"，公元626年阿瓦尔人与波斯人联合进攻拜占庭帝国即是其中的一次，当时阿瓦尔人几乎攻陷了君士坦丁堡。

与匈奴人一样，阿瓦尔人选择以匈牙利为中心建国。在其最强盛的时期，阿瓦尔人的统治范围从伏尔加河一直延伸到奥地利。不同于匈奴帝国的短命，阿瓦尔汗国一直到公元865年才被日耳曼查理帝国所灭。亡国后的阿瓦尔人也没有像匈奴人一样退回到俄罗斯草原，而是仍然留居匈牙利。因此，如果分析今天匈牙利人身上的亚洲民族血统的话，阿瓦尔人的成分应该要多于匈奴人。

西方的史籍仅记载阿瓦尔人来自东方，他们究竟是见于中国史书记载的哪一民族，历史学家们却是人言人殊，较为流行的看法是，他们是南北朝时占据蒙古草原的柔然人的后裔。

据传说，当拓跋鲜卑还活动在蒙古草原上的时候，有一次，鲜卑骑兵掠来一名年轻的奴隶，他的主人给他起了新的名字——木骨闾。在鲜卑语中，木骨闾是头秃的意思。谁也不会想到，这个带有戏谑之意的名字后来会演化为一个王族的姓氏。

数年之后，木骨闾因表现卓著被免去奴隶身份，成为鲜卑人的部队中一名骁勇善战的骑兵。由于在执行任务时的一次意外延误，木骨闾被判斩刑，不甘就死的木骨闾趁着夜色仓皇出逃，并在逃亡途中招集到一百多名追随者，跑到阴山之北，投靠统治那里的纥突邻部，并在此逐渐积聚自己的力量。

木骨闾的儿子车鹿会更加英勇善战，不断兼并其他部落，势力大增。也是在此时期，他们开始自称为柔然人。后世子孙以木骨闾的变声郁久闾为姓，这位柔然先祖的名字成为柔然王族的姓氏，流传了下来。

"柔然"一词，有人认为是"聪明、贤明"之意，或认为含有

"礼义、法则"之意,或认为源于阿尔泰语的"异国人"或"艾草"等。柔然,也被称"蠕蠕"、"芮芮"、"茹茹"、"蝚蠕",但这些都是侮辱性称呼。在拓跋鲜卑建立的北朝所留下的碑刻中,也称其为"匈奴"、"鬼方"、"凶奴"、"猃狁"、"北虏",由这些称呼来看,当时人也搞不大清楚柔然人究竟属于什么民族。

在北魏的压迫下,郁久闾氏出身的社仑率领同样沦为鲜卑奴隶的塞外杂胡发动暴动,他们离开发祥地阴山,奔向鲜卑人的大后方——漠北草原。当时,由于拓跋鲜卑南下逐鹿中原,漠北地区一度陷入权力真空,这为柔然后来的兴起提供了足够的空间。社仑将漠北草原的零散部族各个击破,统一漠北,占领了自土拉河至鄂尔浑河一带丰美的草原,正式建立起柔然汗国。这是公元402年的事情。

柔然人前后在蒙古高原上征战了150多年,曾经打败了中原的宗主国北魏,征服过周边的许多少数民族政权,是继匈奴、鲜卑之后,又一个称雄蒙古草原的强大政权,前后共经历了19位可汗的统治。

最先挑战柔然人在草原上的统治地位的是敕勒人。

一般认为,敕勒人是丁零人的后裔。"敕勒川,阴山下,天似穹庐笼罩四野;天苍苍,野茫茫,风吹草低见牛羊。"这首流传很广的民谣,据说最早就是敕勒族的民歌。但是,此时的敕勒人已经离开了他们的祖先丁零人在贝加尔湖西南的居地,向更西的地方迁徙了。

公元487年,柔然不顾敕勒部首领阿伏至罗的反对而侵犯北魏,柔然失利,阿伏至罗趁机带领部众叛离了柔然,西迁至今天的乌鲁木齐一带,自立为王。

敕勒势力的西进,很快就引起了哌哒人的警觉。为与敕勒争夺东西商路的交通要地高昌的控制权,哌哒集中了大量的精锐部队,发动了对高昌的争夺战,也是对敕勒的打击战。哌哒取得了决定性的胜利,杀死了敕勒人的首领穷奇,并俘虏穷奇之子弥俄突。哌哒派军队立弥俄突为敕勒人的首领,通过扶植傀儡政权将对手变成属国,这是哌哒人运用得最为娴熟的政治策略。

当时的敕勒国向南控制了通往西域的门户高昌以及焉耆、鄯善，势力东北至色楞格河、鄂尔浑河、土拉河一带，北达阿尔泰山，西接乌孙西北的悦般，东与北魏相邻，在当时是西域著名的大国。哌哒人控制了敕勒，高昌、焉耆、鄯善等地自然也都成为哌哒的属国。这使哌哒人在东方的疆域达到极盛。

控制敕勒诸部对哌哒人的另一个有利之处在于，他们可以借助敕勒人的势力来对抗其夙敌柔然。公元516年，敕勒与柔然发生了大规模的战争，敕勒首领弥俄突被柔然可汗丑奴打败并俘获，柔然将弥俄突的双脚系在驽马上将其活活拖死，他的头也被制成了饮器。几年之后，哌哒人再次重施扶立傀儡的故技，将弥俄突的弟弟伊匐送回敕勒，并使之成为敕勒人的君主。为复仇，伊匐率军队一举攻破柔然，柔然可汗被迫逃往凉州，投降了北魏。

敕勒与柔然相争，不仅使哌哒人坐收了渔翁之利，也使突厥人发现了摆脱柔然控制独立发展的机会。

突厥人的来源我们现在还不是很清楚，只知道其兴起时的驻牧地是在阿尔泰山，这也是哌哒人在西迁的征程中曾经停留了很长时间的地方，再有就是后来使他们闻名世界的狼图腾。突厥人最初隶属于柔然汗国，他们向柔然交纳铁制品作为贡赋，看来他们已经掌握了比较先进的冶铁技术，至少在草原民族中居于领先地位，在冷兵器时代，这无疑是他们发展军事实力的巨大优势。

公元546年，乘敕勒与柔然相争之际，突厥人在其首领阿史那土门的率领下，打败了敕勒人，并将5万余家敕勒人编入自己的部落，开始发展壮大起来。以强大的武力为后盾又自恃于柔然有功，阿史那土门向从前的宗主国柔然求婚，也是变相地要求与柔然平等的地位。柔然主阿那瓌大怒，当着阿史那土门的求婚使者的面破口大骂："你不过是给我打铁的奴隶，竟敢存如此妄想！"

恼羞成怒的阿史那土门立即与柔然断绝来往，转而向从北魏分裂出来的西魏求婚。公元551年，西魏将长乐公主嫁给阿史那土门，既与新兴起的突厥人建立起友好联系，又想利用突厥人去对付鲜卑人在北方的劲敌柔然。就在第二年，阿史那土门发兵大败柔然，开始称雄蒙古草原，逐渐形成了以漠北草原为中心的突厥汗国。

至公元552年，突厥彻底打败柔然，柔然人的一支开始向西方迁徙，他们在公元558年就已经出现在了东欧，在那里，他们被欧洲人称为阿瓦尔人。

公元558年，一个自称"阿瓦尔人"的异国使团抵达君士坦丁堡，他们请求与拜占庭人结盟，这给西方人带来了巨大的惊讶和震动。不久，突厥人也派来使团，抗议拜占庭人接纳阿瓦尔人。拜占庭选择与较为强大的突厥人结盟，以对付死敌波斯，阿瓦尔人则巧妙地拉拢波斯夹击拜占庭，又先后征服了保加利亚人和斯拉夫人等西方民族，在东欧平原上重建柔然汗国，从此开始了他们新的历史篇章。

公元560年前后，阿瓦尔人的铁骑已经从伏尔加河来到多瑙河河口，开始向北攻打斯拉夫各部，向西进入日耳曼地区。6世纪末，阿瓦尔人的势力范围南起亚得里亚海，北至波希尼亚，东临喀尔巴阡，西及阿尔卑斯，还征服了原先住在这里的众多斯拉夫部落。

在阿瓦尔人鼎盛时期，他们曾在首领伯颜的领导下西征法国，生擒了法国国王西格伯特。阿瓦尔人的入侵直接促成了法国历史上墨洛温王朝的衰落和加洛林王朝的兴起。阿瓦尔人还成功地吞并了曾经剪灭过欧洲匈奴人的格皮德王国，并迫使伦巴第人向南方迁徙。至此，整个中欧地区都落入了阿瓦尔汗国。阿瓦尔人还曾经进攻东罗马帝国，并向后者勒索了巨额的贡金。

可是，在伯颜去世后，阿瓦尔汗国就迅速走向衰落，他们联合波斯夹击东罗马帝国之役未能成功，此后，因内部矛盾以及对汗位的争夺，最终导致了阿瓦尔汗国的分裂。大保加利亚汗国、可萨突厥汗国和各个斯拉夫国家在此后相继形成，而当大保加利亚汗国瓦解之后，保加利亚人便在可萨突厥人的驱逐下四处迁徙，引发了新一轮的民族迁徙狂潮，同时也进一步削弱了阿瓦尔人的实力。

查理大帝登上法国王位后，因觊觎阿瓦尔汗国的财富而发动了东征。阿瓦尔人在公元8世纪末向法军投降，此后，因不堪忍受残酷剥削，阿瓦尔人也曾掀起过暴动，但却遭到了法国和保加利亚的联合镇压，其领地和民众都被两国瓜分。从此，这个曾经叱咤风云的民族便陨落在历史长河中，渐渐被后人遗忘了。

3 突厥、回鹘与盛唐

在经历几个世纪战乱纷争的沉重灾难之后，中国迎来了古代最辉煌的时代——盛唐。但很少有人注意到，唐王朝是在打败突厥、导致部分突厥人西迁之后，才开始进入其鼎盛时代的。大唐盛世王朝的辉煌，在突厥狼族的铁骑下崭露头角，在中外交流的巨潮中彰显锋芒，最终又在外国人的眼中表露无遗。而进入西亚的突厥各部先后皈信伊斯兰教，不仅在伊斯兰教的历史上发挥过重要作用，而且还彻底地改变了西亚地区的民族格局。

3.1 西迁突厥人诸政权

关于突厥人的起源有两则传说，而且都与狼有关。但传说毕竟只是传说。根据突厥史专家薛宗正先生考证，突厥人的远祖应是一支来自西方的塞种人部落，在其东迁的过程中，又融入丁零人的成分，最终他们在漠北草原建立了呼揭国。匈奴冒顿单于征服了呼揭国，从此，这一支塞种人的后裔就成为匈奴帝国统治下的部族。随着匈奴帝国的衰落，他们南迁到平凉一带，因为其混血族群的性质，中国史籍称之为“杂胡”。后来他们又由平凉西迁，越过沙漠地带，来到阿尔泰山附近，在这里，最终发展成为后来的突厥人。可以说，突厥民族的形成过程，也就是一部民族迁徙的史话。

关于突厥人的起源，一种传说是，突厥本是匈奴的一支，后被邻国所灭。当时有个10岁的小男孩，士兵见他年纪轻没忍心杀他，将他砍掉双腿扔到了荒原，让其自生自灭。小孩被一只母狼救去，长大了以后与狼结合。邻国国王听到小孩已经长大，怕有后患，便派人来杀他。来人见他旁边有一条狼，便想将狼一起杀掉，但那匹狼逃到了高昌北边的山洞里，并在那里生下了10个小男孩。后来这10个男孩长大成人，各自成家，繁衍后代，其中一支发展为突厥族。

另一种说法是，突厥原在匈奴之北，其部落首领有兄弟17人，其中一个叫伊质泥师都，为狼所生。他娶了两个妻子，其中一个生了4个男孩。大儿子纳都六，后被推为首领，定国号为突厥。纳都六有10个妻子，在其死后，10个妻子带着他们的孩子来到大树下，约定所有的孩子向树跳跃，谁跳得最高，就由谁担任首领。结果是阿史那成为首领，其后代把阿史那氏发展为突厥可汗的姓氏。

突厥汗国的缔造者是游牧于漠北的阿史那部族，并在其杰出首领阿史那土门在位时逐渐走向强盛。552年，阿史那土门起兵，大战柔然于今河北北部一带，结果是柔然惨败，其可汗自杀。土门在击败柔然后，自称“伊利可汗”，正式建立了突厥汗国。

土门的传奇一生也在大败柔然、建立突厥汗国的当年走到了终点。继任的木杆可汗在位期间(553—573年)，灭柔然余部，征讨契丹等部，统一了大漠南北。也是在木杆可汗在位期间，突厥人的势力开始向中亚地区渗透。木杆可汗派其叔叔室点密进军中亚，进攻那里的吠哒国，并与波斯联合，瓜分了吠哒国。在短短的十余年时间里，突厥人就由原来隶属于柔然的一个小部族，建立起东至东海、西至咸海，包括中亚阿姆河流域的庞大草原帝国，成为蒙古草原的主人。但是，室点密从此留居西域，为以后突厥帝国的分裂埋下了伏笔。

在此期间，黄河流域的北魏政权已分裂为东魏、西魏两个政权，又分别为北齐、北周所取代。由于军事实力无法与突厥汗国相抗衡，也由于希望在与对手的竞争中争取到突厥这样一个外部的强援，北齐、北周争先恐后地向突厥进贡，送给突厥可汗大量的财物。根据《隋书》的记载，有一次突厥可汗得意洋洋地对人夸口道：“我在南两儿常孝顺，何患贫也！”竟然将北齐、北周比喻为“儿皇帝”。突厥汗国的强势由此可见一斑。

像许多北方民族一样，突厥人在建立汗国之初，也并没有形成汗位的嫡长子继承制度。木杆可汗把汗位传给了弟弟佗钵可汗。佗钵做突厥可汗的时间不长，就在隋王朝建立的581年去世了。佗钵临终前对儿子庵罗说："我听说亲爱莫过于父子。但是，我哥哥不把汗位传给自己的儿子，却给了我，因此在我死后，你一定要让大逻便继位。"大逻便就是木杆可汗之子。但在佗钵可汗去世之后，以摄图为首的突厥贵族反对立大逻便为可汗，理由是其生母地位低贱，他们拥立庵罗为可汗。但庵罗无法忍受摄图的逼迫，不久就将汗位让给了摄图，这就是沙钵略可汗。

583年，沙钵略可汗南侵隋朝，其属下的阿波可汗私下与隋朝约和，自行撤兵，使沙钵略遭受重创。作为报复，沙钵略进攻阿波，并杀了他的母亲。阿波在东部无法立足，便西逃投奔室点密之子达头可汗。控制中亚的室点密家族虽然早已成为突厥的国中之国，自行其是，但在名义上还尊奉阿史那土门的后裔为自己的可汗。在室点密去世后，其子达头成为西方突厥领地的统治者。此时，达头觉得这是自己争夺突厥最高可汗位置的最佳时机，因此以支持阿波的名义，出兵进攻沙钵略可汗。由此，突厥汗国正式分裂为东突厥、西突厥两个政权。

伴随着突厥可汗的东征西讨，突厥人也逐渐散布于蒙古草原各地，并进入中亚和今新疆地区。在西突厥统治下的突厥游牧部落的活动范围很广，东起金山、多逻斯川，沿天山北麓、伊丽水、碎叶川、药杀水、怛罗斯水，直达咸海、里海岸边。西突厥对于臣服的西域各国还派吐屯监国，派军队进驻，而世袭的突厥吐屯逐渐取代了原来各国国王的地位。随着各国王统的变易，突厥语、突厥风俗在各国王廷流行开来，并由此向各国的民间扩散，最终导致了西域各地的突厥化。

有学者推测，唐王朝初建时，实力远比不上突厥，李渊、李世民父子很可能曾经向突厥称臣纳贡，以赢得统一中原的机会。但唐太宗李世民在位期间，在完成了对中原地区的统一之后，唐朝于630年灭掉东突厥，又于657年远征中亚，灭亡了西突厥。正是在灭亡西突厥汗国以后，唐王朝的西部疆域才远达咸海沿岸和伊朗高原的东部。

在唐王朝的统治下，大量汉人进入西域。据薛宗正先生的研究，汉族移民主要聚居在伊州（治所在今新疆哈密）、西州（治所在今新疆吐鲁番东南高昌故城）、庭州（治所在今新疆吉木萨尔北破城子），以及安西四镇。唐代大诗人李白就是出生于安西四镇中的碎叶镇（在今吉尔吉斯斯坦首都比什凯克以东的托克马克市附近）。

与唐王朝的兴起几乎同时，穆罕默德通过传播伊斯兰教将一盘散沙的阿拉伯人凝聚在一个新生的政权之内。阿拉伯人很快就冲出阿拉伯半岛，向西进攻东罗马帝国，向东进攻萨珊朝波斯。就在唐王朝灭亡西突厥之前不久，在651年，阿拉伯人灭亡了萨珊朝波斯，将其势力向东推进到伊朗高原的东部以及中亚地区，与此同时，也导致了阿拉伯人向东方的迁徙。

在征服北非以后，也有不少于20万的阿拉伯人迁入埃及。北非的原住民与迁入的阿拉伯人的融合是如此彻底，以至于北非完全地阿拉伯化了，当地原有的文化传统荡然无存，这里在今天仍旧是阿拉伯世界的组成部分。

但是，阿拉伯帝国向东方的推进却不像其西进那样顺利，在中亚，阿拉伯人遇到了来自东方的唐王朝的势力。双方最开始的分界线大约是阿姆河，因为面对东西两大帝国的势力，中亚各小国纷纷归附唐朝，波斯灭亡后，其王子俾路斯也是逃奔唐朝，求兵复国。至7世纪末8世纪初，阿拉伯帝国的势力再次东扩。704年，阿拉伯名将屈底波被阿拉伯帝国伍麦叶王朝的哈里发任命为呼罗珊总督，开始了他的东方经略。在此后的10年中，他通过武力征服，将阿拉伯帝国的东部边界推进至锡尔河一带，唐王朝在中亚的势力内缩。此后，中亚地区的突厥人纷纷进入阿拉伯帝国的疆域之内。

据说，阿拉伯帝国的东方总督哈贯吉曾对他麾下的两位爱将——屈底波和喀斯木许诺，他们二人中谁最先占领中国的领土就委任谁出任中国总督，可见，屈底波对河中地区的征服实际上是以进攻唐朝为目的的。阿拉伯史料中还记载着如下的传说:“有关这次远征的一个奇异的传说还被保存下来,根据这个传说,这位阿拉伯将领曾发誓要占领中国的土地,当地总督只要不再流血,愿意帮助这位侵略者遵守他的誓言,便送给他一袋泥土,让他踩踏,一袋中国钱币,象征赋税,并在这位皇室青年身上盖上他的印记。”

薛宗正《怛罗斯之战历史溯源》

事实上,突厥族群最早的西迁可以上溯至西突厥汗国灭亡以前。作为西突厥一支的可萨人,早在7世纪初就已经西迁进入俄罗斯草原西南部和达吉斯坦了。626年前后,他们甚至有能力借兵4万给东罗马帝国,而后者依靠这支力量,将其老对手萨珊朝波斯的阿塞拜疆省夷为平地。

可萨人还曾与东罗马帝国的皇室通婚。东罗马皇帝查士丁尼二世在逃亡到可萨人中避难的时候,曾与可汗的姊妹结婚,她就是后来的东罗马帝国的塞俄多拉皇后。君士坦丁五世时曾在732年娶可萨可汗的女儿为妻,这就是伊拉尼皇后,他们的儿子利奥四世皇帝,以其诨名可萨人利奥(775—780年在位)而为人所知。

可萨皇室信奉犹太教,但其普通民众当中,还是以穆斯林和基督教徒为多。历史学家们公认,他们是西迁的突厥人中文明程度最高的一支。

但在9世纪以后,可萨人逐渐走向衰落。与可萨人的衰落相伴随的,是又一次多米诺式的民族迁徙。来自咸海周围的葛逻禄突厥人,将恩巴河地区和乌拉尔河地区的佩切涅格突厥人赶向西方;佩切涅格人穿过属于可萨帝国的领地,将同属于突厥民族的可萨属民马扎尔人,从亚速海北岸赶向更西的第聂伯河和多瑙河下游之间;不久,佩切涅格人又从马扎尔人手中夺取了这一地区,迫使马扎尔人向更西迁徙。此后,马扎尔人以今匈牙利一带为中心,不断参与欧洲各国间的斗争。

马扎尔人曾经于900年远征意大利,又于910年打败德国加洛林王朝的最后一位君主路易斯，他们还曾越过阿尔卑斯山，掠夺法兰克王国的勃艮第、普罗旺斯，洗劫洛林、香巴尼。对于欧洲来说，似乎阿提拉的时代又来到了。直至日耳曼王奥托一世于955年在奥格斯堡战役中打败他们。此后，匈牙利王瓦伊克皈依了基督教，被命名为斯提芬，他们才由欧洲的侵略者转而成为欧洲的保护者，为欧洲抗御来自东方的移民和侵略。

不过，这些突厥部族在西迁的过程中不断与其他民族相融合，从可萨人到马扎尔人，其民族成分已经极其复杂，不再是纯粹的突厥人了。这些西迁的突厥人部族虽然对东欧的历史产生过巨大影响，但他们在历史上的地位，比起他们那些改信伊斯兰教的同族来，还要远为逊色。

自从9世纪起，阿拉伯人每年都从中亚输入上千的突厥奴隶，以充实他们的军队并担当警卫，这为突厥在西方重新崛起奠定了基础。突厥人的奴隶士兵很快成为穆斯林军队的领导者，此类奴隶军官经常在省区，甚至是在首都，掌握着有效的权力，最终坐大并独揽大权。他们在阿拉伯帝国中凭借有利的军事条件，参与宫廷阴谋、左右朝政，逐渐把哈里发变成他们手中的傀儡，到后来他们成了阿拉伯人的主人。

当阿拉伯帝国的阿拔斯王朝逐渐衰落之后，其对伊朗高原和中亚的统治明显削弱，迁入该地区的突厥人乘机建立起地方割据势力，其中比较著名的当数伽色尼王朝、花剌子模、布韦希王朝和古尔王朝。

早在阿拉伯人征服伊朗之后，就将大量的突厥战俘和奴隶安置在这一地区。割据波斯的萨曼王朝更是蓄养大量的突厥奴隶。《阿拉伯通史》的作者希提曾提到："在萨曼王朝加以恩宠，而且给以高官厚禄的突厥奴隶当中，有一个人叫艾勒卜特勤，他起初是一名护卫，不久被提升为警卫队的队长，961年又升迁呼罗珊的省长。但是，过了不久，他就在萨曼王朝新君主的面前失宠了，因此逃到这个王国东方的边境去。"这个艾勒卜特勤，就是加兹尼王朝(962—1186年)的建立者。

萨曼王朝的另一大特点就是蓄养大量能征善战的突厥

奴隶,并使他们成为军队的支柱。萨曼人购买的突厥奴隶,首先要从事粗活劳动一年,不允许骑马。一年以后才可以作为马前卒,跟在主人的鞍前马后,或充当家庭侍卫。服役6年后才能穿比较华丽的衣服,7年后则可以使用3名奴隶。勇敢善战的人,可得到提拔,可升为骑兵队长或更高的职位。

加兹尼王朝(Ghaznavid Dynasty, al-Ghaznawiyun),也译作伽色尼或哥疾宁,因其都城设在阿富汗的加兹尼而得名,其存在时间是962—1186年。强盛时疆域包括伊朗高原的大部和印度次大陆的西北部,以及中亚的大部分地区。在第二位君主马哈茂德(971—1030年在位)时,加兹尼曾进攻印度17次,吞并了以拉合尔为中心的旁遮普,旁遮普从此成为伊斯兰世界的组成部分。加兹尼的军队最远曾达到恒河流域。马哈茂德还联合回鹘后裔建立的喀喇汗朝,一起消灭了另一个突厥政权花剌子模。在他去世前,加兹尼的西部疆域也已经扩张到莱伊(今德黑兰南部),加兹尼王朝达到极盛。

与大多数地方割据政权一样,加兹尼王朝的统治对军队具有比较强的依赖性。虽然加兹尼王朝的军队由多民族构成,除突厥人外,还包括大量的印度人、戴拉曼人、阿拉伯人、库尔德人和呼罗珊人,但毫无疑问,突厥人才是加兹尼军队的核心,各级军事将领大多是突厥人,士兵也主要来自突厥各部,主要是乌古思部落和卡拉吉部落。

最终灭亡加兹尼王朝的古尔王朝(al-Sulalah, al-Ghuriyyah)最初曾经是加兹尼王朝的属国,也译作廓尔王朝,或被称为古里苏丹国。在其第四位君主吉亚斯丁·穆罕默德时灭亡加兹尼王朝,成为中亚至印度次大陆西北最重要的突厥人政权,在1215年为另一个突厥人建立的政权花剌子模所灭。而花剌子模在灭亡古尔王朝之后不久,由于招惹了不该招惹的人,为成吉思汗所灭。

花剌子模作为地名,最早见于古波斯的楔形文字碑中以及印度的《吠陀经》。早在9—10世纪,突厥人在这一地区就已经占有很大的比例了。到10—13世纪,此地先后出现的三个伊斯兰教割据政权中,有两个是突厥人建立的。第一个是马蒙·伊本·穆罕默德建立的，在1017年为加兹尼王朝所灭，加兹尼王朝所任命的管理该地的突厥奴隶，后来被另一个突厥人政权塞尔柱所灭。塞尔柱人任命的突厥奴隶则开创了另一个花剌子模，这就是后来灭亡古尔王朝的花剌子模（Khwarezm，Khorazm 或 Choresmien）。这个花剌子模的疆域包括阿姆河下游、咸海南岸直至波斯湾的所有地区，首都在玉龙杰赤，是成吉思汗西征前中亚最强大的政权。

但是，西迁突厥人所建立的政权中，势力最强的当数塞尔柱帝国（Seljuq Empire）。

建立塞尔柱帝国的突厥人最初游牧在咸海周围和里海北岸，其主体部分居住于锡尔河下游一带。大约在10世纪，他们在首领塞尔柱的率领下西迁。后来这一支突厥人就被称为塞尔柱突厥人，其建立的政权被称为塞尔柱王朝或塞尔柱帝国。

> 10世纪时，中亚细亚的突厥人分为三大集团：定居于天山山区的回纥人，住在喀什噶尔的葛逻禄人和定居于河中边缘的乌古思人。后来，皈依了伊斯兰教的葛逻禄人迁移到锡尔河沿岸，将乌古思人挤向西方和南方。大多数乌古思人在塞尔柱的统率下于956年进入已经四分五裂的伊斯兰帝国，定居于布哈拉，信奉了逊尼派伊斯兰教。
>
> 王怀德、郭宝华《伊斯兰教史》

在西迁的过程中，塞尔柱突厥人不断吞并其他的突厥人部落，势力越来越强大。1037年，他们在塞尔柱的孙子图格里勒·贝格的带领下，打败了加兹尼王朝；1055年，图格里勒·贝格率部向西进入阿拉伯帝国的首都巴格达，哈里发授予他“东方和西方的苏丹”称号。苏丹意为“掌权者”，塞尔柱王朝以及后来许多伊斯兰教国家的统治者都自称苏丹。

塞尔柱突厥极盛时控制了波斯、美索不达米亚、小亚细亚大部分地区和叙利亚等地，至1092年分裂成许多小王朝。其中持续时间最长的罗姆苏丹国，在蒙古西征之后还作为伊儿汗国的属国而存在，直到1307年以后，才不再见于史书的记载。

此外，值得一提的是，在塞尔柱突厥人进入巴格达之前，在这里掌权的是德莱木人建立的布韦希王朝（Buwayhid Dynasty，945—1055年）。有学者认为，德莱木人也是突厥人的一支。

突厥人的势力甚至曾经远达北非的埃及。曾有一位来自拔汗那的突厥人艾哈迈德·伊本·突伦，于817年被当做礼物送给阿拉伯帝国的哈里发马蒙。拔汗那指今乌兹别克斯坦的费尔干纳地区，也就是《史记》、《汉书》等中国史书记载中的大宛国所在地，拔汗那是唐朝时对这一地区的译名。868年，艾哈迈德·伊本·突伦来到埃及任职，并组建起一支由突厥奴隶和黑人奴隶组成的属于他自己的军队，以此为依托，他逐渐成为割据埃及的统治者。史学家们通常把这个持续至905年的割据势力称为突伦王朝。

有学者估计，至11世纪，已经有不少于200万突厥人在小亚细亚定居，整个西亚突厥人的人口数显然还要远高于此。西迁之后的突厥人，包括上述突厥政权的统治者们，都改信了伊斯兰教，因而，上述政权都被视为是伊斯兰世界历史的组成部分。西迁之后的突厥人定居西亚，直到今天，突厥民族还是西亚的四大民族之一。而西迁突厥人最辉煌的一段历史，无疑是此后的奥斯曼土耳其帝国了。

3.2 奥斯曼土耳其帝国

历史上最后一个建立地跨亚非欧三洲的大帝国的奥斯曼土耳其人，原本是突厥人的一支，实际上，“土耳其”也不过是“突厥”的同音异译。这一支突厥人的最初起源我们已经无从查知，可以肯定的是，他们曾经居住在中亚的阿姆河流域，那时是作为西突厥汗国属下的乌古思人的一支，被称为卡伊部落。

与其他西迁的突厥人部落相比，奥斯曼土耳其人开始西迁的时间比较晚。在10世纪以后西突厥各部西迁的浪潮中，他们却仍旧游牧于中亚一带。直到蒙古人开始西扩的13世纪,为躲避蒙古人的兵锋,他们才开始了西迁。

在西迁之初,奥斯曼土耳其人依附于塞尔柱人建立的一个小国罗姆苏丹国。在其庇护下,奥斯曼土耳其人在和拜占庭相邻的萨卡利亚河畔得到了一小块领地,他们从此在安纳托利亚高原定居下来,成为居住在小亚细亚的众多突厥部落之一。但是,他们是何时、通过何处迁徙到小亚细亚的,史学家们也还不能完全弄清楚,估计是经由里海的南部和伊朗高原的北部一带。但是可以肯定,他们早在阿拉伯帝国的阿拔斯王朝时期,就已经皈信了伊斯兰教。

在进入小亚细亚之初,奥斯曼土耳其人还是一个弱小的、不引人注意的势力,在埃尔托格鲁尔担任部落首领的时候,他们只有430帐。什么是"帐",学者的认识并不一致,但即使将之理解为一种最基层的社会组织,每帐包括数十户,那么,最乐观的估计,奥斯曼土耳其人全族也不过有10万人上下而已。但是,在埃尔托格鲁尔去世后,他那伟大的儿子奥斯曼成为这一支突厥人的首领,他们从此走上了振兴之路。因为这个原因,奥斯曼成为他们新的部落名称,他们被称为奥斯曼突厥人,或奥斯曼土耳其人,他们后来建立的帝国也就被称为奥斯曼土耳其帝国,或简称奥斯曼帝国(Ottoman Empire)。

据传说,年轻时的奥斯曼曾想娶伊斯兰苏菲派的一位长老谢赫·艾德巴里的女儿为妻,但却遭到拒绝。后来有一天,他对谢赫·艾德巴里说,他做了一个神奇的梦,梦见自己腰部长出一棵树,树叶都变成剑刃,指向君士坦丁堡的方向。精通解梦的谢赫·艾德巴里断定,梦的寓意是奥斯曼的子孙将会统治全世界,于是,他不仅将女儿嫁给了奥斯曼,还亲自给他佩带了一把武士之剑,这成为以后历代奥斯曼的统治者都将佩带的武器。

在1299年,奥斯曼趁塞尔柱罗姆苏丹国分裂之机,正式宣布独立,奠定了奥斯曼国家的雏形。1324年,奥斯曼去世,其子奥尔汗(1324—1360年)继位。

奥斯曼临终前嘱咐他的儿子奥尔汗:“不要悲伤,振作起来,我的孩子。要时刻牢记,不要残忍,因为对一个国王最有害的莫过于残暴。要主持正义,因为正义是国王治国的根本。要珍爱学者,身边要有懂法律的学者,因为真主的法律是我们唯一的武器。我的孩子,要公正无私,要仁爱,要时刻保护好你的臣民,这样你就能得到真主的佑助。用一系列美好的胜利来告慰我的灵魂吧!”

黄维民《奥斯曼帝国》

在奥尔汗之后,奥斯曼土耳其人以安纳托利亚为基地,开始了长达一个多世纪的传奇式扩张,帝国的势力在逐步增强,也在一点点地蚕食周边地区,帝国的疆域在不断地膨胀。需要指出的是,在对欧洲的扩张方面,奥斯曼帝国可能是历史上取得最大进展的伊斯兰教政权了。在1389年的科索沃战役中,奥斯曼帝国的军队大败塞尔维亚、保加利亚和匈牙利的联军;此后不久,在1396年的尼科堡战役中,奥斯曼的军队又打败了匈牙利、法兰西和德意志等国的联军。奥斯曼帝国的军事成就,使欧洲各国的君主都为之震动。当然,标志性的胜利当属1453年奥斯曼帝国攻克君士坦丁堡,灭亡东罗马帝国。这个千年帝国在抵御住无数次来自伊斯兰世界的冲击之后,终于在土耳其人的强大攻势前崩溃。奥斯曼帝国将君士坦丁堡改名为伊斯坦布尔,在此后这里一直是帝国的首都,而且时至今日,还是土耳其的首都。

只用了不到两个世纪,奥斯曼人由一个安纳托利亚荒原上的弱小突厥部落,发展成为一个地跨亚非欧三洲的大帝国。奥斯曼帝国极盛时的疆域,西达直布罗陀海峡,东抵里海及波斯湾,北及奥地利和斯洛文尼亚,南及苏丹与也门,占有南欧、中东和北非的大部分地区。至16世纪中期,奥斯曼帝国的疆域达到1195万平方公里,人口也达到5000万人,相对于欧洲那些分裂的小国来说,这无论如何也是一个令人感到恐怖的数字。

奥斯曼帝国占据了南欧的巴尔干半岛，这是伊斯兰的势力从未能进入的地方。今天巴尔干半岛存在大量的穆斯林人口，就是对这一段历史的见证。在苏莱曼大帝执政期间，奥斯曼帝国攻克了东欧的门户贝尔格莱德，将其疆域进一步向欧洲腹地推进，此后他们还曾经三次进攻维也纳。没有任何一个欧洲国家是奥斯曼帝国的对手，他们不得不一次次组织联军来对抗奥斯曼人的军队，但一次又一次地惨败于奥斯曼人的火炮之下。不仅在陆路奥斯曼的军队占有绝对的优势，在其鼎盛时代，奥斯曼的海军还控制了几乎全部地中海。1571 年 10 月 7 日进行的勒盘陀海战中，奥斯曼的海军几乎全歼了威尼斯的海军。

与其向欧洲的成功推进相比，奥斯曼帝国向伊斯兰世界的东方的扩张却是不成功的。帝国始终未能控制以伊朗高原为中心的伊斯兰世界的东部地区，在这里，波斯帝国成为与奥斯曼帝国相抗衡的力量，伊斯兰世界呈现出东西两大帝国对峙的局面。

但是，对峙的双方，一方是突厥人建立的政权，一方是波斯人建立的政权，最早向这些地区传播伊斯兰教的阿拉伯人却衰落下去。直到近代随着伊斯兰复兴运动的兴起，阿拉伯各国的建立，阿拉伯人才重新在伊斯兰世界的政治事务中占据了举足轻重的地位。

随着奥斯曼帝国的扩张，其境内的突厥人也逐渐与其他民族相融合，应该说，土耳其人包涵希腊人、亚美尼亚人甚至犹太人等许多民族的血统，已经与古代的突厥人不完全相同了。

奥斯曼帝国对君士坦丁堡的占领，阻碍了欧亚大陆东西方的贸易，截断了欧洲人财富的来源渠道，致使他们不得不重新寻找通往东亚、南亚的道路，正是在这种动机驱使下从事航海冒险的哥伦布发现了新大陆，从此揭开了人类历史的新篇章。也许欧洲人自己都不曾想到的是，当他们实现了超越奥斯曼帝国的梦想之后，他们竟然超越了全世界。

突厥族在北方大漠中，自东向西，行走天下，一段段传奇，带着东方人的惊叹和西方人的敬畏，在历史中演绎无遗。西迁的突厥人为实现一次次由奴隶到主人的蜕变的努力，终于在西方社会得到了回报，让西方人用敬畏的目光注视自己。但是,当欧洲各国完成了向近代化国家的演进之后,面对一个新式的欧洲,作为传统帝国代表的奥斯曼帝国迅速衰落下去。

如果我们注意到,奥斯曼帝国在1683年还有能力远征维也纳,可是仅仅在16年之后,就在1699年签订《卡尔洛夫奇条约》,第一次向欧洲各国割让土地时,我们就会发现,奥斯曼帝国的衰落显得非常突然。

16世纪,欧洲始终对与十字军东征方向相反的宗教战争的幽灵感到恐惧,穆斯林对基督教世界腹地的入侵,似乎是即将重新上演早期伊斯兰对西班牙的征服。当奥斯曼的军队在苏莱曼(Slieman)大帝的领导下于1529年向维也纳进军并在9月兵临城下的时候,这些恐惧看起来似乎都是有充分理由的。仅仅是因为土耳其军队不愿意在远离家乡的地方过冬使他们没能取得胜利,看上去很可能他们第二年会回来继续围攻,把维也纳降为一个总督管辖区,并且威胁整个欧洲的中心地带。……只是到1606年,苏丹才屈尊将一个欧洲大国看成和自己地位对等的国家,同哈布斯堡王朝签署了一个条约,以结束多瑙河边代价高昂的拉锯战。晚至1683年,另一支奥斯曼大军再一次围攻维也纳,只是由于缺乏重型武器才未能取胜。在此后不久的1699年,卡尔洛夫奇(Karlowitz)条约迫使苏丹放弃特兰西瓦尼亚和匈牙利——这是奥斯曼的领土第一次回到基督教的控制之下。

查尔斯·林霍尔姆《伊斯兰中东》

随后掀起的列强对奥斯曼帝国瓜分的狂潮中,奥斯曼帝国逐渐丧失了其在亚非欧的大部分领地,其直接控制区仅局限于安纳托利亚一个非常狭小的范围之内。帝国经历600年的发展历程似乎只是一个从无到有又从有到无的轮回,奥斯曼人似乎回到了奥斯曼接任部落首领之前的状况。

在第一次世界大战之后爆发的凯末尔革命，结束了奥斯曼土耳其帝国，正式建立了土耳其共和国，使土耳其从一个传统帝国转化为近代民族国家，但它也永久地失去了其在小亚细亚以外的领土。

3.3 回鹘牙帐西行

在突厥人之后，蒙古草原上又兴起了一个突厥语的民族，这就是回鹘人。

有学者认为，回鹘人的远祖可以上溯至先秦时代的狄人。在匈奴族兴起以前，他们居住在贝加尔湖的西南，被称为丁零人。匈奴冒顿单于征服了丁零人，使之成为匈奴帝国的属民，并将一部分丁零人南迁至蒙古草原的中部地区。后来投降匈奴的汉人卫律被封为丁零王，其属民可能主要就是这一部分丁零人。在匈奴帝国衰落之后，草原中部的丁零人纷纷摆脱匈奴人的控制南迁，在东起辽西、西至敦煌的长城南北广大地域内，与其他民族杂居，慢慢地，也就消失在历史的长河之中了。

留居漠北的丁零人后来发展为铁勒、敕勒，由于他们使用一种“车轮高大，辐数至多”的大车，也被称为高车人。但是其势力先后受到鲜卑、柔然、突厥等族的压制，未能得到充分发展。也有一些敕勒人在战败后被强制性迁入中原地区，“敕勒川”以及同名“敕勒川”的民歌，就因此而出现在了中原地区。当突厥人在蒙古草原上衰落以后，由铁勒发展而成的回纥人开始兴起。

回纥，仅仅是铁勒众部中的一支，原名并不称回纥，而是袁纥、韦纥，到隋唐时称回纥，其游牧地在独洛河(今土拉河)以北。

在突厥汗国统治时期，包括回纥在内的铁勒诸部都依附于突厥，并深受突厥统治者的压迫剥削。605年，突厥处罗可汗进攻铁勒诸部，铁勒诸部奋起反抗，回纥联合铁勒的其他各部叛离突厥，幸运的是他们成功了。在与突厥的斗争中，回纥逐渐兼并其他诸部，强大起来，回纥联盟的名气第一次盖过了原来的铁勒联盟。那时回纥联盟的首领名为时建，正式建牙帐于色楞格河，此时回纥拥有士兵10万之众。

627年，时建之子菩萨，与由铁勒的另一支发展而成的薛延陀部一起，击败突厥于马鬣山，随后追至天山，俘获甚众。此后不久，在629年，回纥和薛延陀协助唐王朝灭亡了东突厥，这两支铁勒人成为草原上最强大的政权势力。646年，回纥各部联合唐军袭击薛延陀部，杀其酋长，统一了漠北铁勒各部。此后，回纥还出兵参与了唐灭西突厥之战。在唐王朝扫平突厥人的势力之后，回纥人成为原突厥汗国控制区内一个新兴起的势力，其疆域东接室韦，西至金山，南逾贺兰山而至黄河，北临贝加尔湖，但是其仍然接受唐朝的管辖，并没有自己立国。唐在其地分置六府、七州，封其首领为瀚海都督府的都督。

682年，突厥吐屯啜骨咄禄起兵反唐，占领了黑沙城（今内蒙古呼和浩特西北）和漠北的乌德鞬山（今蒙古国鄂尔浑河流域的杭爱山），重建突厥政权，史称后突厥汗国（682—744年）。后突厥政权的兴起割断了回纥强盛的势头。

自此，回纥人逐渐分裂为南北两部分。其主体部分向北迁徙，回到回纥人的原居住地，色楞格河流域和土拉河以北地区。在突厥人留下的碑文中，这一支回纥人被称为九姓乌护。由于受制于突厥人，他们与中原王朝基本上没有什么往来，中原史书中也几乎没有关于他们的记载。另一部分回纥人被迫迁入河西走廊，他们虽然从人数上看并不是回纥人的主体部分，但是回纥首领的牙帐随之迁徙，回纥可汗的王统在此，后来回纥帝国的兴盛正是由于这一支回纥人的不懈努力。

741年，后突厥汗国出现内乱，在唐王朝的授意下，漠北三个比较强大的游牧民族，回纥、葛逻禄、拔悉密起兵对抗后突厥汗国。在742年八月，后突厥汗国的阿史那骨咄叶护可汗被三部所杀，拔悉密部的首领自立为颉跌伊施可汗，回纥和葛逻禄两部的首领担任左、右叶护。但是，突厥人又立了乌苏米施可汗与之对峙。唐玄宗招降乌苏米施可汗未成，即派朔方节度使王忠嗣联合拔悉密、回纥、葛逻禄三部击杀乌苏米施。而在后突厥汗国彻底灭亡之后，回纥人兼并拔悉密，成为草原上最强大的力量。因此，一般将后突厥汗国灭亡的744年视为回纥汗国的建立之年，此时的回纥可汗名叫骨力裴罗，他后来被唐王朝册封为怀仁可汗。

骨力裴罗迁牙帐于乌德鞬山、嗢昆河之间，回纥汗国强大时，东邻室韦，西抵阿尔泰山，南控大漠，几乎不弱于从前的突厥汗国。但与突厥汗国不同的是，回纥汗国一直与中原地区的唐王朝保持着友好的关系，接受唐王朝的册封，并向唐王朝纳贡，唐王朝还曾多次将公主下嫁给回纥可汗。

回纥与唐朝友好的最典型证据是，回纥派部队协助唐王朝平定了安史之乱。唐将郭子仪在迎接回纥援兵时，曾想留宴3天，但统兵的回纥太子却说："国家有难，远来相助，哪有闲暇吃饭呢？"

788年，回纥可汗上书唐王朝，要求改回纥族名、国名为回鹘，取"回旋搏击，如鹘之迅捷"之意，此后，他们就以回鹘之名见于史书的记载。

回鹘汗国存在了一个世纪左右，至840年，由于内乱、天灾和其他草原民族的进攻，漠北回鹘汗国最终瓦解，回鹘人开始大规模外迁。

回鹘中的一部分选择了南下附唐。据杨建新先生统计，南下的回鹘主要是乌介十三部和特勤温没斯及相爱耶勿率领的约5部、特勤那颉啜及相赤心率领的约9部，共计20余部30万人。各部在唐朝的安置下，逐渐融入汉族和其他民族之中。

而回鹘的其他部分，则是随着庞特勤走向寻找西方广阔天地的艰难旅程。关于回鹘的西迁学术界并没有定论，有人认为分3支，有人认为只是一支奔向3个不同的地方。但是大多数人还是认为西迁的回鹘主要分为3支。

回鹘的汗位一直由九姓乌古斯一族掌管，该族中有一位著名的人物庞特勤。传说庞特勤的异母兄长是可汗，由于他害怕庞特勤威胁其汗位，所以要杀掉庞特勤。庞特勤被割断咽喉抛弃在山上。庞特勤有一个乳母，为了给他医治，将他交给摩尼教的一支Dinavar，庞特勤逐渐痊愈。事后，庞特勤来到九姓乌古斯的首都Azal城隐居起来，他尽量使人去讨好可

汗，让可汗心里高兴，于是可汗终于答应他到自己身边并决定不再杀他。可汗不许他进入自己的住地，而是让他做了五城的总督。他在那里积聚力量，与当地人交朋友，给他们恩惠，等待政变的机会。碰巧他听到了可汗要去狩猎的消息，于是便在那里集合了许多队伍袭击可汗。结果庞特勤战胜，可汗逃到城中固守，庞特勤下令放水淹城，结果城内士兵在庞特勤的鼓动下出城投降。九姓乌古斯可汗被庞特勤的部下绞死，庞特勤继任可汗之位。

西迁回鹘的迁入地大致包括葛逻禄居住区、河西走廊和安西三处。

回鹘汗国灭亡后，庞特勤率领15部回鹘西迁，离开他们在漠北的发源地，进入从前葛逻禄人活动的地区，对此学者们并无异议，分歧在于，葛逻禄人活动的地域到底是在今天何处？

一般认为，葛逻禄人属于西突厥的一支，曾经参与了回鹘人领导的灭亡漠北草原上的后突厥汗国之战。因其分三姓，所以也被称为三姓葛逻禄。其首领称叶护，也被称为三姓叶护。后突厥汗国灭亡以后，回鹘人的首领骨力裴罗被唐朝册封为怀仁可汗，在乌德鞬山的葛逻禄部归于回纥，而在阿尔泰山及北庭一带的葛逻禄，自立叶护，归属于唐。

葛逻禄人最初可能活动在唐朝北庭都护府的西北、阿尔泰山之西。8世纪中叶以后，他们逐渐取代了另一支突厥人突骑施在中亚的霸权地位，占有了楚河流域的西突厥故地，包括大诗人李白出生的碎叶城，以及因唐王朝与阿拉伯帝国之间的怛罗斯之战而闻名的怛罗斯城。此时，自青藏高原兴起的吐蕃政权开始向西域渗透，成为角逐西域霸权的势力之一。葛逻禄也曾经与吐蕃联兵对抗回鹘。

在漠北回鹘汗国瓦解之后，大量回鹘人进入葛逻禄人活动的区域。在10世纪，这里最终兴起了回鹘人建立的中亚强国喀喇汗王国。这一支回鹘人也是在回鹘人西迁的过程中走得最远的一支。

喀喇汗王朝在中国史书中又被称为"黑汗王朝"，也有的学者称之为"葱岭西回鹘"，因为这一支回鹘人的西迁已经越过了葱岭。

从汉文史籍记载来看,喀喇汗王朝的建立者应该就是领导这一支回鹘人西迁的庞特勤。在840年前后,庞特勤率领这支回鹘人进入所谓的"七河地区",大体而言,就是今天的伊克塞湖附近,包括楚河、怛罗斯河一带。他们降服了活动在这里的葛逻禄部众,建立了新的政权。但穆斯林史籍中却称喀喇汗王朝的创建者是毗伽阙·卡迪尔汗,可能这是庞特勤自称可汗之后的称号吧。

喀喇汗王朝的疆土,最初仅包括七河地区,后来又逐渐吞并了伊犁河谷、费尔干纳盆地和喀什噶尔地区。

根据穆斯林史籍的记载,毗伽阙·卡迪尔汗去世以后,由他的两个儿子继承了汗位,长子巴兹尔为大汗,驻巴拉沙衮(今吉尔吉斯斯坦共和国托克马克东),次子奥古尔恰克为卡迪尔汗,驻怛罗斯。从此开创了喀喇汗王朝颇具特色的"双王制"。整个汗国被分为两大部分,由汗族的长幼两支分别进行统治。汗族的长支,统治者称阿尔斯兰汗,意为狮子汗,他也在名义上是整个汗国的可汗,这就是大可汗,其首都在巴拉沙衮。幼支的统治者称博格拉汗,意为公驼汗,也就是小可汗,或者说副可汗,其首府在怛罗斯。这种制度为后来汗国的分裂埋下了种子。

不久后,喀喇汗王朝实际上就分裂为以喀什为中心的东支哈桑系和以费尔干纳为中心的阿里系。1041年,王朝正式分裂为二,东西喀喇汗长期互相攻伐。12世纪末至13世纪初,西迁的契丹人建立西辽,东西喀喇汗国均臣服于西辽。1211年,篡夺了西辽王位的乃蛮王子屈出律攻占了喀什噶尔(今新疆喀什),东喀喇汗亡。翌年,西喀喇汗国为突厥后裔建立的伊斯兰教王国花剌子模(约1077—1231年)所灭,至此,西迁回鹘人建立的这一政权最终覆灭。

喀喇汗王朝的经济以农牧业为主,河中地区和塔里木盆地的绿洲农业自古以来就很发达,迁入中亚的这一部分回鹘人,由于受到自然环境和当地社会经济的影响,逐渐由游牧经济转为农耕。定居和农业带来了回鹘经济的发展,进而促成文化上的繁荣。西域自古以来就是中西文化交流的枢纽,回鹘在继承和发扬民族文化的基础上,对多元文化吸收和融合，使回鹘的民族文化得到长足的发展，从草原游牧文化，逐渐演变为具有多元文化特点的开放性农耕文化。西夏、蒙古在立国之初都重用回鹘人，以回鹘人为师，是与回鹘文化的这一特点存在密切关系的。

在漠北的回鹘汗国时期，摩尼教曾经是回鹘汗国的国教。在西迁之后，回鹘人的宗教信仰出现了明显的变化。进入葱岭以西的这一支回鹘人，受到当地伊斯兰教传统的影响，逐渐改信伊斯兰教，而进入高昌等地的回鹘人则改信佛教。1221年，受成吉思汗之邀前往西域晋见成吉思汗的长春真人丘处机，在其游记《长春真人西游记》一书中还提到，昌八剌城(今新疆昌吉市)的僧侣对他讲，自此西去，就再也没有僧人与道士了，此西的回鹘人都是只拜天的，也就是信奉伊斯兰教的。说明此时的回鹘人从宗教信仰上可以明显地分成两个部分，东边的回鹘人信仰佛教，西方的回鹘人信仰伊斯兰教，而其分界线就在今新疆昌吉一带。

喀喇汗王朝的回鹘人，最初对伊斯兰教是持一种坚决排斥态度的。喀喇汗王朝立足中亚之时，唐王朝的势力已逐渐退出中亚，占据中亚的是阿拔斯王朝的分裂割据势力萨曼王朝(874—999年)。随着喀喇汗王朝在中亚的兴起，其与萨曼王朝之间的矛盾逐渐尖锐。公元904年，喀喇汗的奥古勒恰克从喀什噶尔发兵，向萨曼王朝进行了一次大规模复仇战。萨曼王朝惨败，并因战败而导致内部矛盾加剧，最终，萨曼王伊斯玛依勒的兄弟纳赛尔·本·曼苏尔逃往喀什噶尔，投靠喀喇汗王朝。喀喇汗王朝收留了纳赛尔，并把喀什噶尔以北40公里的阿图什作为纳赛尔的栖息地，为其建立了一座清真寺，这是古代新疆地区的第一座清真寺，纳赛尔及其随从成为该地区最早的穆斯林。但是奥古勒恰克却严禁本国臣民接近这些穆斯林，并严禁回鹘人信仰伊斯兰教。

有一天，奥古勒恰克的侄子索图克在打猎途中遇到一支中亚的穆斯林商队，当他看到祈祷的时刻一到，那些穆斯林商人便置其珍贵的货物于不顾，无比虔诚地礼拜时，他意识到，这种忘我的信仰精神和严格的宗教纪律，有可能在自己的未来大业中化为一种强大的力量。此后，索图克一有空就去阿图什找纳赛尔，最终他皈信了伊斯兰教。

公元915年，索图克发动宫廷政变，杀死了奥古勒恰克，夺得了喀喇汗王朝的汗位。至此，索图克开始在汗国内传播伊斯兰教，但是由于本民族和佛教势力的坚决抵制，终其一生也没有使伊斯兰教在汗国内得到广泛传播。喀喇汗王朝的回鹘人改宗伊斯兰教是一个渐进的、漫长的过程。

另一支西迁的回鹘人经由今内蒙古西部的额济纳旗境内的居延海，到达了河西走廊，与原先居住于河西走廊的回鹘人会合。这就是史书中所说的“投吐蕃”的一支回鹘人，是西迁回鹘中第一支留住下来的。

回鹘人向河西走廊的迁徙至少可以上溯至公元7世纪末8世纪初，由于后突厥汗国的兴起，一部分回鹘人南下进入河西走廊。漠北的回鹘汗国瓦解后，大量回鹘人继续迁入这一地区，使这里的回鹘人势力得到加强。

河西走廊的回鹘人开始受制于当时统治该地区的吐蕃政权，在汉人张义潮打败吐蕃，领导瓜、沙等11州归附唐王朝之后，河西地区的回鹘人又转而依附张义潮。到唐末、五代的混乱时期，河西地区的回鹘人趁机夺取甘州，在890年前后，建立起以甘州为中心的河西回鹘政权。从五代至北宋，河西回鹘的分布，除以甘州为中心外，还包括沙州、凉州（今甘肃武威）、贺兰山（今内蒙古与宁夏西北边境交界处）、秦州（今甘肃天水）、肃州等地。

唐朝末年，唐昭宗任命张义潮的侄孙张承奉为节度使，控制瓜、沙等州。张承奉在河西建西汉金山国，自号白衣天子，与甘州回鹘相抗衡。但是，河西回鹘最后打败了张承奉，两国议和，张承奉尊称回鹘可汗为父。河西回鹘政权的强盛由此可见一斑。至北宋前期,党项族兴起,建立西夏,河西回鹘成为西夏的属国。

此后,河西地区的回鹘人还有一部分再次进行迁徙,离开河西地区,其中有数万人投奔湟水流域一带的唃厮啰(邈川吐蕃),这一支回鹘人后来被称为黄头回纥,在与当地其他民族融合之后,形成今天裕固族的先人。还有一部分回鹘人进入秦陇、陕西等地,逐渐融合于那里的汉、党项、吐蕃等民族之中。

庞特勤率领的回鹘十五部,还有一支西行经伊州(今新疆哈密)、纳职(今新疆哈密的拉布乔克古城遗址),越天山东脉而至焉耆(今新疆焉耆)、龟兹(今新疆库车)等地,与原先居住于当地的回鹘人会合,这就是史书中记载的"投安西"者。安西是指唐朝设置的安西都护府。这部分回鹘人后来建立了高昌回鹘政权,因高昌在唐代称西州,所以这一支回鹘也被称为高昌回鹘、西州回鹘。其疆界东起哈密,西至冰达坂,北近伊犁河,南括焉耆至罗布泊等塔里木盆地北缘。

高昌回鹘与中原的辽、宋王朝都有交往,史书记载,高昌回鹘多次向宋、辽贡奉方物。924年,辽朝的开国皇帝耶律阿保机亲自率部队西征,攻克浮图城,高昌回鹘从此成为辽的属国。有学者统计,高昌回鹘先后24次向辽朝贡。但高昌回鹘也与北宋存在一定的联系,981年,宋太宗赵匡义还曾派遣王延德、白勋出使过高昌回鹘。

耶律大石率众西迁的过程中,曾得到高昌王毕勒哥的大力帮助。1132年西辽建立之后,高昌回鹘又成为西辽的属国。西辽派人监督高昌国务,征收贡赋,此后高昌回鹘一直处于半独立状态,其君王的称号一直以"亦都护"见于史册。

至西辽末年,高昌回鹘的疆域,大致北至阿术河(今新疆北部阿察果勒河),南接酒泉(今甘肃省酒泉市),东至兀敦甲石哈(今新疆哈密市东乌纳格什湖),西临西蕃(指入天山南路之地)。高昌回鹘后来与西辽一样,也为蒙古人所征服。

不管是高昌回鹘还是中亚的喀喇汗王朝,都是一个相对独立的民族共同体,这两个群体都是维吾尔族历史的一部分,是构成近代维吾尔族的两大支柱，尤其是喀喇汗的文化体系，更成为近代维吾尔族文化传统的发端。

在历史上，蒙古草原一直是高加索人种和蒙古人种交相兴起的地方。一般而言，属于高加索人种的族群分布在西部，属于蒙古人种的族群分布在东部，但由于游牧民族的流动性，两者之间的分布区并不存在一个截然分开的界线，而是交错混杂的。阿尔泰山脉南北，常常是属于高加索人种的族群的发源地，而属于蒙古人种的族群都与大兴安岭存在或多或少的联系。

从突厥到回鹘，兴起于阿尔泰山以西的突厥语族群，代表了高加索人种族群在蒙古草原上的最后辉煌。在突厥汗国和回鹘汗国统治漠北草原的时期，说突厥语的高加索人种族群向蒙古草原各地扩散，他们向东的迁徙甚至远达蒙古人种发源地的大兴安岭两麓。直到出自蒙古人种的契丹族建立辽王朝的时候，在今燕山南北还有回鹘部落活动。在辽上京城外，还有所谓的“回鹘营”，事实上，辽王朝建立者耶律阿保机的妻子述律平就是回鹘人，她来自与契丹人一起驻牧于西拉木伦河流域的一支回鹘人部落。但是，这一时期高加索人种族群在草原上的东扩，也是他们最后一次的东向迁徙了。此后，随着蒙古人种的兴起，特别是蒙古族的兴起，草原上的高加索人种族群最终融入蒙古人种族群之中，蒙古草原真正地成为蒙古人的草原了，并从蒙古人的时代开始了蒙古人种向西扩散的进程。

4 远来东土的各族

楼兰、龟兹、姑墨、鄯善、且末、精绝、于阗、疏勒……一个个令人遐想联翩的古城名字串联起一条举世闻名的丝绸之路，这条路上有烟波浩渺的罗布泊、如梦似幻的白龙堆、漫天黄沙的广漠和宝石般闪耀的绿洲，更有驼铃叮当的商人成群结队走过。这条穿过高山和低谷、黄沙与绿洲的丝路将欧亚内陆几大帝国连接起来，从这条商路通行之日起，从这里走过的就不仅仅是商人，在漫漫黄沙中辨别着那传说中神奇的道路，来自西域的人们纷纷奔向传说中那片神奇的土地——中国。

4.1 “五胡乱华”：羯族

历史学家们所说的西域，内涵有广义与狭义之别。狭义的西域指的是阳关、玉门关以西，葱岭以东的地域，大体上说，包括今天中国新疆以及中亚的部分地区；广义的西域则涵盖了阳关、玉门关以西的所有地区，不仅包括新疆、中亚，甚至印度、西亚、欧洲、北非，也都可以被笼统地称之为西域。

中国自何时与广义上的西域建立起联系，学界曾存在不同的认识。中国古书《拾遗记》记载着这样一个故事：在周成王即位的第三年，这应该是早在公元前 11 世纪，有“泥离之国”的使臣前来中国朝贡。据其使臣讲，其国与中国相距很远，走了几年才走到。途中有时候道路如同在云间，听见脚下有雷声，有时又要穿越地下的洞穴，听见头上有河水流淌的声音。有学者认为，这个“泥离之国”指古埃及，“泥离”就是“尼罗”的不同音译，以此证明早在周朝时就有埃及人来中国；也有学者认为“泥离之国”指印度的拿拉镇（Nala），以此证明周代曾有印度人来中国；还有学者认为“泥离”是缅甸伊洛瓦底江沿岸的奴莱（Norai），以此证明周代有缅甸人来中国。但现在学者基本可以认定，

《拾遗记》的记载本身就是靠不住的传说。民国年间的学者顾实还提出,穆天子西游时所抵达的最远地区是今波兰的东欧平原,但其观点想象的成分太大,现在也无人提及。

不过,中国与印度间的联系始于秦朝以前,却是得到多数学者认同的。季羡林先生认为,中国古代天文学中的二十八宿观念就是先秦时代自印度传入的。一般认为,古印度人已经对中国的秦朝有所了解,他们称中国的秦朝为"Mahachinasthana","Maha"意为"大","china"是"秦"的音译,"sthana"意为"国境",这个词的意义就是"大秦国"。但是,后来中国的僧侣在翻译佛经中的这个词时,没有将其译为大秦国,而是按音译的原则,译为"摩诃脂那国"、"摩诃至那国"、"摩诃震旦",将中国称为"脂那"、"至那"、"震旦"就是源于此。这种对中国的称呼在9世纪以后传入日本,逐渐演变为一种对中国的贬称"支那"。

周穆王曾到过欧洲的观点是不足为凭的,中国与北非和欧洲间的人员往来可能始于公元2世纪。在公元120年,曾有"大秦幻人"跟随缅甸境内的古国掸国的使臣来到汉朝。史书记载,"大秦幻人"能够"吐火,自支解,易牛马头",一般认为,这个"幻人",相当于我们今天所说的魔术师。有学者认为"大秦"是中国当时对罗马帝国的称呼,也有学者认为,"大秦"指罗马帝国统治下的埃及,因此,对这位魔术师究竟是来自北非的埃及还是来自罗马帝国统治中心的欧洲,现在还颇不易确定。

但是,在张骞通西域之后,通过丝绸之路来"东土"弘扬佛法的印度和中亚僧人却络绎不绝。根据《高僧传》的记载,我们至少可以发现,在中国传教译经的名僧有来自印度次大陆的摄摩腾、昙无谶、求那跋陀罗、佛驮跋陀罗、求那毘地、竺佛朔、昙柯迦罗,有出自大月氏人的支楼迦谶、支谦,有来自今克什米尔一带的僧伽跋澄、佛陀耶舍,有来自立国于今伊朗高原的安息国的安世高,还有来自新疆的鸠摩罗什。在三国时期以后,还有大量中国僧人沿着丝绸之路与这些东来传教的外国名僧相向而行,"西行取经",这种活动持续了数百年,其中最有名的西行取经的僧人,当数《西游记》的主角唐三藏了。正是在"东来传法"

和“西行取经”这种中国与印度、中亚的双向人员往来过程中，佛教在中国逐渐发展壮大，最后成为中国的主流宗教。

但上述的移民活动毕竟只是个别人的行为，他们在文化传播方面影响虽然巨大，但移民的人数有限，我们现在所知的第一个由中亚迁徙至中国内地的族群，是在五胡十六国时期建立后赵政权的羯人。

关于后来入主中原的羯族的族源，陈寅恪先生认为，他们是月氏人的后裔；唐长孺先生认为，这一族群主要来自西域胡；王仲荦先生认为，羯族出自中亚昭武九姓中的石国，建立后赵政权的石勒，其祖先可能即是石国人；谭其骧先生认为，羯族是中亚康居人统治下的索格底亚那人，也就是粟特人；童超先生则认为他们是康居人，并曾经隶属于匈奴。目前，越来越多的学者倾向于认为，羯族可能出自中亚地区非常有名的商业民族粟特人。但是，现在学者们还弄不清楚，这支粟特人是通过何种渠道于何时进入中原地区的，我们只知道上党武乡（今山西榆社北）在西晋末年就已经是羯人聚居的地方了，后赵政权的开国君主石勒就是上党武乡人。

石勒（274—333 年）字世龙，原名訇勒。年轻时曾被掠为奴隶，后来靠着一小队胡族为主的部下开始打拼自己的天下，史称“十八骑”。石勒早年也曾投奔过匈奴人刘渊，参与过匈奴人对西晋的战斗，是刘渊部下著名的骁将。至 319 年开始脱离匈奴人的政权，独立发展，自称大单于、赵王，定都襄国（今河北邢台），史称后赵。后赵强盛时，曾经统一中国北方的大部分地区，疆域包括今天的河北、山西、陕西、河南、山东各省，以及江苏、安徽、甘肃、辽宁各省的部分地区。333 年七月石勒病死，太子弘继位。第二年，石勒的侄子石虎篡位。石虎是五胡十六国时期以荒淫残暴闻名的君主，在他的统治下，后赵开始走向没落。349 年石虎病死，后赵内乱。350 年，石虎养孙汉人冉闵乘乱灭后赵，建国号为魏，史称冉魏。

当时中原汉人将西域各族贬称为“胡”，石勒建立后赵以后，禁止称羯人为“胡”，而要称“国人”，违者处死。迁入中原地区的羯人因拥有“国人”的地位，成为统治民族，而逐渐向后赵的统治中心集中。冉闵因为担心羯人不服从自己的统治,因而对羯人采取了种族灭绝政策,在中原的羯人无故被杀的有 20 多万人。从此,这个迁入中国的中亚族群就在中国历史上消失了。

《晋书》卷 107《石季龙载记》:"(冉)闵知胡之不为己用也,班令内外赵人,斩一胡首送凤阳门者,文官进位三等,武职悉拜牙门。一日之中,斩首数万。闵躬率赵人诛诸胡羯,无贵贱男女少长皆斩之,死者二十余万,尸诸城外,悉为野犬豺狼所食。屯据四方者,所在承闵书诛之,于时高鼻多须至有滥死者。"

需要说明的是,羯人的消失并不意味着白种人在中原地区的彻底消失,至少鲜卑人中还包括一部分白种人。

鲜卑源于东胡,属于蒙古人种。但晋人已通行"黄须鲜卑奴"、"黄头鲜卑奴"等称谓,说明鲜卑人具有金发黄胡子的体貌特征。苏轼在观赏唐人韩干的画时赋诗,其中一句是"赤髯碧眼老鲜卑",说明在唐人的画作中,鲜卑人的形象还是黄须碧眼的,反映出唐代社会普遍将黄须碧眼看成是鲜卑人的相貌特征。这些史料都可以证明,进入中原地区的鲜卑人已经杂有大量的白种人成分。

《世说新语》第 27《假谲》载王敦称晋明帝为"黄须鲜卑奴",并称其相貌特征是"黄须"。刘孝标注引《异苑》所载王敦语作"黄头鲜卑奴"。黄头指的是金发,黄须指的是黄胡子,可见晋明帝的相貌特征就是金发黄胡子,具有白种人的相貌特征。《晋书》卷 6《明帝纪》亦载王敦称晋明帝为"黄须鲜卑奴",并称"帝状类外氏,须黄,敦故谓帝云",明确指出晋明帝的相貌与其母族相近,说明其母族的相貌具有白种人的特征。既然晋明帝被称为"黄头鲜卑奴"或"黄须鲜卑奴",其生母荀氏应为鲜卑人,证明鲜卑人中至少有一部分属于白种人。

从鲜卑人的迁徙路线分析，鲜卑人中的白种人成分应来自蒙古草原。在羯人消失以后，虽然仍有白种人部族活动于中原地区，但其承载的文化是蒙古草原文化，而不是中亚文化了。从民族迁移的角度说，在羯族消失后，源自中亚的移民在中原地区基本消失了。直到唐代，才又有大量中亚粟特人进入中国，他们将对中国历史的发展产生极为重要的影响。

4.2 粟特商人与安史之乱

粟特人原本生活在中亚阿姆河和锡尔河之间的泽拉夫善河流域，即所谓的粟特地区，也称索格底亚那(Aogdiana)，大体在今天乌兹别克斯坦境内，这里是粟特人的故乡。

粟特人属于伊朗人种的中亚古族，他们身高体壮，深目高鼻，髭须浓密，青眼绿瞳，白面赤发，属白种人中的伊兰种。他们在中国史籍中又被称为昭武九姓、九姓胡、杂种胡、粟特胡等。

粟特地区在历史上先后隶属于波斯的阿契美尼德王朝、亚历山大帝国、塞琉古王国以及大月氏人建立的贵霜帝国和哌哒人的帝国，长期以来，在这里形成了一系列小国，因为其国王都以昭武为姓，因此中国史书将这些粟特小国合称为“昭武九姓”。据《隋书》记载，这些小国都是大月氏人的后裔，而大月氏人在受到匈奴逼迫西迁之前，曾居住在祁连山北的昭武城(今甘肃临泽)，他们以昭武为姓，是出于对故乡的纪念。

所谓“九姓”，实际上也不只是9个小国。《新唐书》中是以康、安、曹、石、米、何、史、火寻、戊地9国为昭武九姓，但除此之外，中国史书中还提到东安国、毕国、乌那曷、穆国、漕国等昭武九姓国家，曹国又分为东、西、中3国。

虽然原居地粟特地区长久处于异族的统治之下，但因为丝绸之路带来的源源不断的商机，给粟特人带来了希望，他们逐渐成长为一个独具特色的商业民族。他们穿着翻领的衣服,紧腿的裤子,腰间系着革带,穿着软底的尖头皮鞋,身上挂着短剑,骑着骏马,拉着载满货物的骆驼,穿行于黄沙漫漫、绿洲点点的丝绸之路上,来往于东西之间,倒卖着各地的特产,收获着丰厚的利润,维系着流动的生活和夹缝中坚强不屈的民族个性。

粟特人的经商才能不是与生俱来,而是从小经过系统培养的。粟特人从孩子一降生就开始进行经商教育,男孩四五岁的时候就开始教他识字、算账,再长大点就要开始学习做生意,能在生意中获得更多利益的孩子被认为是聪明的、有出息的。男子到20岁时就要离开家,到别的地方做生意,为了获得利润,经受长途跋涉、风餐露宿是必修的课程。经商是粟特人赖以谋生的主要手段,商业构成了粟特人的经济基础,而丝绸之路的繁荣无疑为善于经商的粟特人提供了最好的舞台。

为了获得利润,粟特人精心准备,结成组织严密的商队,在首领的带领下,多则数百人,少则数十人,骑着骏马,带着随从,用牛车载着货物,用骆驼背负着商品,由突厥或粟特的马队护卫着,在亲人期盼的注视下,从故乡出发,到遥远的中国腹地邺城、营州,再走上草原,回到故乡。数百年间粟特人就这样在丝绸之路上跋涉着,来往于中亚、西州、长安之间,从事着丝绸珠宝、牲畜贩运、奴婢买卖等生意。

粟特人商业活动的主要内容就是从中原购买丝绸,通过长途贩运将其倒卖至西域,再从西域运进体积小、价值高的珍宝,如美玉、玛瑙、珍珠等等,将其贩卖到中原,从中获得巨大的利润。也因为此,粟特人以善于鉴别宝物著称。相传,在长安的市面上常常有人鱼目混珠,将廉价的蛇珠当做昂贵的蚌珠来卖,来自五湖四海的商贾束手无策,只有粟特人能辨别出其中的差异。除了在中原和西域之间贩运丝绸和珍宝之外,牲畜也是粟特商人出售的主要商品,突厥汗国境内的粟特人主要承担着这种以畜易绢的互市活动,后来迁入新疆境内的粟特人也常常经营一些较短途的牲畜生意。

奴隶也是粟特人贩运的主要商品,官府在一般情况下也保护这种交易的正常进行。此外,粟特商人还几乎都是高利贷者,除了直接以钱放贷外，还贷放绢帛。唐代西州高昌县曾经出现了一起经济纠纷，即汉人李绍谨向粟特人曹禄山借练，拖欠未还，而引起的一起经济诉案的事。此案中李绍谨向粟特人曹禄山一次借练就达275匹之多，可见粟特人资财之众。

善于经商的粟特人经营视线以内一切有利可图的生意，所采用的经商手段也是五花八门。为了有利于商业活动的开展，粟特人经常投靠一些强大的政治势力，并取得一定的政治地位。例如，粟特人马涅亚克曾经代表突厥，出使到波斯和东罗马；西魏时期，酒泉的胡安诺盘陀曾作为使者前往突厥；唐代著名粟特商人康艳典、石万年、康拂耽延、何伏帝延等皆拥有城主称号，曹令忠官拜北庭大都护、康感官拜凉州刺史、康进德为安西大都护府果毅。粟特人凭借官员身份或投依官府，进行商业活动，自然是得心应手、获益良多了。

故乡的不安定导致越来越多的粟特人外出经商，并沿着丝绸之路向东迁徙，一路由西向东进入塔里木盆地、河西走廊、中原城镇、蒙古草原，他们随处而居，形成聚落，每到一个地方，或是做完生意就走，或是留下，更多的时候是一部分人留下，一部分人继续向东前行，形成新的聚落。

魏晋南北朝时期，迁居天山南北和内地的粟特商人很多。敦煌、吐鲁番地区，正处于古代丝绸之路的交通要枢，自然就成为粟特人入华后的重要据点。1907年，在敦煌西北长城烽火台遗址，英国人斯坦因发现了8封古粟特文信札，这是证明敦煌地区粟特移民众多的重要证据。随着书信内容的解读，我们了解到，早在4世纪初叶，敦煌就已经存在以粟特商人为主体的自治聚落，附近还建有祆教祠舍。

北朝末年至唐初，突厥强盛，粟特地区成为西突厥汗国的一部分，大量粟特人因此得以进入漠北地区。突厥的室点密可汗很快发现，粟特人是一个善于经商的民族，他们的商业才能可以为帝国带来大量的财富。当时的拜占庭经过查士丁尼的一番励精图治，国力日隆，罗马时代的奢靡之风也随之复活，一磅中国蚕丝竟能在拜占庭卖到12两黄金的天价。居于丝绸之路上的粟特商人早嗅到了此中的巨利，但由于波斯人的垄断，他们一直无法和拜占庭直接交易。现在，他们向新宗主室点密可汗求助，希望借助突厥的力量打破垄断，把买卖做到拜占庭。567年，室点密可汗派遣粟特使者摩尼亚赫前往波斯和东罗马帝国，要求开辟新的商路。室点密可汗此举虽未获得成功，但是，粟特人却以其精明的经商头脑，逐渐地操控了突厥帝国的商业和对外贸易，很多粟特人在突厥汗国王廷服务，负责财政事务。

到唐代，粟特人的东来是沿着怛罗斯河、楚河流域推进的，他们不仅进出中国经商，而且逐渐在中国内地定居，形成移民集团，在中国内地的许多地方，都出现了粟特人的聚落。

> 我们不难看出一条粟特人所走出的丝绸之路。这条道路从西域北道的据史德、龟兹、焉耆、高昌、伊州，或是从南道的于阗、且末、石城镇，进入河西走廊，经敦煌、酒泉、张掖、武威，再东南经原州，入长安、洛阳，或东北向灵州、并州、云州乃至幽州、营州，或者从洛阳经卫、相、魏、邢、恒、定等州，而达幽州、营州。在这条道路上的各个主要城镇，粟特人几乎都留下了遗迹，甚至形成聚落。
>
> 荣新江《中古中国与外来文明》

入唐以后，都城长安成为粟特商人、使臣、质子集中的地方，再加上随东突厥降唐的粟特部落首领、子弟，还有来华传播祆教、佛教、景教、摩尼教的僧徒居士，繁华的长安城无疑成为当时中国粟特人最重要的聚集地之一。很多粟特人拖家带口来华定居，有的甚至还在唐王朝政府里为官。其中最有名的当数康国（昭武九姓之一）人康谦，他善于经商，“资产亿万计”，曾被唐玄宗任命为安南都护，成为身系唐朝南疆安危的封疆大吏。

在波斯人的影响下，唐代的粟特人早已经摆脱了佛教的影响，转而信奉波斯的国教琐罗亚斯德教了，中国古代称之为祆教，也就是俗称的拜火教。在粟特人的聚落中往往建有拜火教的祆祠，并有主持宗教仪式的祭司。正是粟特移民将这一波斯的宗教传入了中国。

而说到粟特人对中国历史造成的影响，最重要的事件当数安史之乱了，这场持续8年之久的叛乱，标志着大唐盛世的终结，也是中国古代社会由盛转衰的标志性事件，而领导这次叛乱的安禄山、史思明，都是入华粟特人的后裔。

安禄山是营州(今辽宁朝阳)人，他的父亲可能是来自中亚粟特人的康国，他的母亲则是突厥人。由于其父死得早，其母改嫁突厥人安延偃，安禄山才改姓安。史思明与安禄山是同乡，也是粟特人的后裔，但其身世史书中却没有相关记载。我们只知道，史思明懂"六蕃语"，他会说唐朝东北边境一带各族的语言。安禄山和史思明的年轻时代，可能都是在营州的粟特人聚落中度过的。因为军功，他们一点点地升迁，最后成为一方大员。

据说，安禄山升任平卢将军以后，有一次入朝奏事，遇见宰相张九龄，张九龄对侍中裴光庭说："乱幽州者，必此胡也。"断定安禄山将来一定会扰乱唐王朝的江山。因此，借一次安禄山作战失利之机，他在报告战事的奏文上批示说："穰苴出军，必斩庄贾；孙武行令，亦斩宫嫔。守珪军令若行，禄山不宜免死。"要求处死安禄山，但遗憾的是唐玄宗没有同意。

此后，安禄山千方百计地讨好唐玄宗。他发现唐玄宗特别宠爱杨贵妃，就不顾杨玉环的年纪比自己小很多，认杨玉环为义母。在入宫朝见唐玄宗时，安禄山经常先拜杨玉环，再拜唐玄宗。唐玄宗奇怪地问他为什么这样做，安禄山回答道："我是胡人，胡人的习惯是先母而后父。"这使唐玄宗觉得安禄山很率直。安禄山身体特别肥胖，腹垂过膝，一次，唐玄宗开玩笑，问他这么大的肚子里都有些什么，安禄山回答说："没有其他的东西，只有对陛下的忠心而已。"逗得玄宗哈哈大笑。尽管身体肥胖，但据说安禄山跳起胡旋舞来，却旋转自如，"其疾如风"。

由于骗取了唐玄宗的信任，安禄山飞速升迁，到天宝十年(751年)，49岁的安禄山已经兼任平卢、范阳、河东三镇的节度使，掌握了将近半数的唐王朝在北部边疆的精锐部队。4 年以后的 755 年，安禄山终于公开发动了叛乱。叛军很快就攻下了唐王朝的首都长安，唐玄宗逃往四川避难。第二年，安禄山自称大燕皇帝，改年号为圣武。

虽然此后不久，安禄山就被其子安庆绪暗杀，安庆绪自立为帝，后来史思明又杀安庆绪，自称大燕皇帝，而后却也被其子史朝义所害，叛军内部经历了一系列的变故。但是，唐朝在回鹘军队的帮助下，一直到 763 年，才最终平定了这次叛乱。但此后在河北地区出现了藩镇割据的局面，唐王朝的盛世也一去不复返了。

现在学者们研究发现，在安史之乱中，无疑是有大量的粟特人参加了叛军，安禄山、史思明手下的将领，如何千年、何思德、史定方、安守忠、安太清、康阿义屈达干、康杰、康文景、石帝廷、安思义、安神威、曹闰国等，都是粟特人或者是有粟特人的血统。

> 安禄山的军事主力是番兵番将，其主要将领有相当一批是出身于昭武九姓的粟特人。这些将领有些率有祖孙数代统领的部落，其内部以婚姻结成血缘关系。这种部落兵统一善战，是安史叛乱的主要军事支柱。安禄山出身粟特，深知商业聚财的道理。安禄山在起兵之前，派遣粟特商胡往各地兴贩贸易，并招各地商胡来输运外国珍奇财货，这构成安史叛乱的经济基础。安禄山自称为“光明之神”的化身，并亲自主持粟特聚落中群胡的祆教祭祀活动，使自己成为胡族百姓的宗教领袖。他利用宗教的力量来团聚辖境内外粟特胡众，利用“光明之神”的身份来号召民众。大量番兵胡将追随安禄山起兵反叛，不能不考虑“光明之神”感召的精神力量。
>
> 荣新江《中古中国与外来文明》

在安史之乱以后，唐王朝出现排斥番人的情绪，大量粟特人迁居河北，加重了河北的胡化倾向，也增加了河北藩镇的力量，而加入到晚唐强劲的北方民族沙陀部的粟特人，又成为唐朝灭亡以后五代王朝的中坚。甚至有学者认为,五代十国中后晋政权的建立者石敬瑭,也是具有粟特人血统的。

安史之乱以后,粟特人的内部通婚明显减少,与其他少数民族的通婚几乎不见,而与汉人通婚明显增加。就长安地区而言,有卒于长庆元年(821 年)的康志达,其妻为河南元氏,一女嫁陇西李承宗;卒于永淳二年(683 年)的安元寿(安兴贵之子),其妻为下邳翟氏。像这样的例子在唐朝中后期只会越来越多。

胡汉通婚的增加,产生了越来越多的混血儿,到了唐代中期,就发生了粟特人的后代不以深目高鼻儿为己出的趣事:广平有一个叫宋蔡的人,他的祖先是粟特人,入居汉地已经三代了。他的妻子生了一个深目高鼻的儿子,宋蔡怀疑这不是自己的孩子,要把他扔掉。可是他家里的赤色马刚好生了一个白色的小马驹,而宋家的马在 25 年以前确实就是白色的。宋蔡联想到,自己的曾祖就是深目高鼻的胡人,自己的儿子深目高鼻,不正与白马的后代赤马又生出白马一样吗。于是他决定抚养那个有先祖之貌的儿子。这个故事就叫"白马活胡儿"。

由此可见,与汉族广泛通婚之后,粟特人本来的种族特征逐渐不明显了。到了宋代,粟特人就完全融入汉族之中了。粟特人本来没有汉人意义上的姓氏,进入中国的粟特人大多以国为姓,来自康国的就自称姓康,来自安国的就自称姓安,因此,康、安、曹、石、米、何、史等姓的汉人中,包涵不少的粟特人血统,只不过由于年代久远,现在基本已无法识别而已。就这样,从遥远的泽拉夫善河流域迁徙而来的商业民族,开始过上了定居的生活,从内到外地融入了中华民族的海洋。

4.3 波斯人与外来宗教

当波斯帝国在阿拉伯人的进攻下迅速崩溃之后,曾有一支波斯遗民远赴中国。651 年,波斯末代君主在木鹿(今土库曼斯坦的马鲁)被杀,其子俾路斯(Perozes)逃往吐火罗,并于 654 年遣使向唐王朝求救。但此时的唐王朝还没有平定控制中亚的西突厥,自然没有办法越过中亚向伊朗高原出兵。

在灭亡西突厥汗国以后，唐王朝在原西突厥控制区遍设羁縻府州来加以统治，在这一设立羁縻府州的浪潮中，也在俾路斯所控制的疾陵城设立了波斯都督府，任命俾路斯为波斯都督府都督。中国史书记载，667 年、671 年，都有波斯使者来唐朝朝贡，此时，立国于伊朗高原的波斯帝国早已灭亡，所谓的波斯使者应当就是俾路斯派遣的。

至 673 年，在新建立的阿拉伯帝国倭马亚王朝的侵逼下，俾路斯在西域无法立足，率部下来到唐王朝的首都长安，这批波斯遗民正式进入中国。史书记载，在 677 年，俾路斯还曾经向唐朝皇帝申请，在长安的礼泉坊建立一座波斯寺，也就是拜火教的寺院，以供随他来长安的波斯人从事宗教活动，由此看来，随其来华的波斯遗民还是有相当的规模的。

俾路斯再也没有回到中亚，最后客死中土。在其去世后，唐王朝于 678 年册立留在长安的其子泥涅师师为波斯王。第二年，唐高宗任命裴行俭为"安抚大食使"，要送泥涅师师回波斯。但实际上，这次军事行动是以册送泥涅师师为名，袭击西突厥余部与吐蕃联合的军事力量为实。当裴行俭率军在碎叶擒获西突厥余部首领，平定叛乱以后，随即立碑纪功而还，并没有为泥涅师师"复国"。

据吐鲁番出土汉文文书，大概在 680 年，唐朝军队经护密到达吐火罗，也就是把泥涅师师护送到了吐火罗地区。但现在还无法断定，当年随俾路斯来华的波斯遗民，此次是否全部跟随泥涅师师回到了吐火罗。不过，史书记载，泥涅师师在吐火罗一带与阿拉伯帝国周旋了 20 余年之后，最终因无法在当地立足，于 708 年又回到了唐朝，当年追随泥涅师师赴吐火罗的波斯人，应当也随之回到了唐朝。

唐朝方面后来虽然加封泥涅师师为左威卫将军，却再也没有提起送他回国的事情，泥涅师师最终也客死唐朝。这一支波斯人也就在中国住了下来，只不过这批波斯人数量多少，现在尚无从查知。

1955 年在西安土门村发现的"苏谅马氏墓志"，墓志上半用中古波斯文—巴列维文刻写，下半用汉文刻写。经对照，汉

文“苏谅”为巴列维文 Suren，是萨珊王族所出的姓氏，可见死者就是波斯王族的一名后裔。在敦煌文书中，也见有流寓到唐朝沙州、甘州的“波斯僧”。据研究，这里的波斯僧是指景教教士。既然有专门的景教教士，可以断定当地也有一定数量的波斯侨民存在。

陈尚胜《五千年中外文化交流史》第1卷

随着唐代经济文化的发展和对外贸易的繁荣，还有大量波斯商人来华经商。近年来，在新疆的吐鲁番、青海的西宁以及西安、太原、三门峡、洛阳和广东的英德县等地，都发现过萨珊朝波斯的银币，而且有的数量很大。据学者统计，上个世纪已陆续出土36批波斯银币，总数超过1195枚。数量庞大的波斯银币的出土，表明当时波斯银币作为一种通用的国际货币，曾流通于中国部分地区，由此可以证明，萨珊朝波斯与中国之间商业往来的繁盛，以及波斯商人在华活动地域之广。

有些波斯商人长期定居中国，成为另一种类型的移民。唐代的广州、泉州、扬州、江州、洛阳、长安，都有波斯商人活动。开元初年，浚仪尉李勉一次外出，行至唯阳，遇到一波斯老人，他自称：“我本王贵种也，商贩于此，已逾二十年。”就是比较典型的例子。事实上，因为当时海路交通的艰难，往返不易，因此，即使是那些不准备在中国定居的波斯商人，也都会在中国居住较长时间才返回波斯。

据史书记载，长安西市和洛阳的南市，有许多条街是胡人的专门聚居区。长安东市有一片低洼的隙地，有善经营者填平后修建客店，专门收留波斯商人住宿，每天获利高达一缗。由此可见，在长安东市落脚的波斯商人是一个多么庞大的群体。

唐代在中国居住的波斯商人究竟有多少，这是一个目前尚无法准确回答的问题。

唐肃宗上元元年(760年)，平卢兵马使田神功入扬州讨平刘展，并趁火打劫，大掠居民，结果“大食、波斯贾胡死者数千人”。仅居住在扬州一地的波斯商人、阿拉伯商人竟多达数千人，由此可见流寓唐朝的波斯商人、阿拉伯商人的人数之多。

据《中国印度见闻录》记载，唐朝末年，黄巢起义军攻克广州，“寄居城中经商的伊斯兰教徒、犹太教徒、基督教徒、拜火教徒，就总共有十二万人被他杀害了”。虽然现在还有学者对这一数目的可靠性表示怀疑，但由此我们也可以看出，唐代广州外国侨民人数之多，而波斯商人也在其中占有较大的比例，只不过这时的波斯人大多已经改信伊斯兰教，也被称为“伊斯兰教徒”，而不再单独指出而已。唐代高僧鉴真在第五次东渡日本失败后途中经过广州，曾见到珠江里“有婆罗门、波斯、昆仑等舶，不知其数”。

唐代来华外国人很多人可以在华做官，参加科举，这样他们时刻都在不停地接触汉文化典籍，受到的影响也越来越深，汉化程度随之加剧。有波斯人李素家族，李素曾任职司天监，比较多地接受汉文化的熏陶，其六子中有三子已改为文职。如第三子李景弘博学而攻文，可继承父辈之业；第五子李景文先为“太庙斋郎”，后为乡贡明经；六子李景度先为“丰陵挽郎”，后为“太庙斋郎”。很显然这个波斯家族的后裔都已经汉化了。

在波斯人移民中国并逐渐接受汉文化的同时，他们也将部分波斯文化因素带入汉文化之中。有学者考证，中国人养信鸽的风俗就是由波斯商人带入中国的，最初是出于海上远途航行中通信的需要。自唐朝至元朝，在中国盛行数百年的马球，也称击鞠、波罗球，也是一种源自波斯的游戏。更为重要的是，唐代盛行的外来宗教，除佛教出自印度次大陆，伊斯兰教起源于阿拉伯半岛之外，其他如祆教、摩尼教、景教，都与波斯人存在密切的关系。

祆教（Zoroastrianism 或 Mazdaism），亦称琐罗亚斯德教，俗称拜火教。其创立者是波斯人琐罗亚斯德（公元前 628 年—前 551 年）。据说，他在 20 岁的时候弃家出走，在外隐修多年后成为祭司。在 30 岁的时候，他接到智慧之主阿胡拉·玛兹达的启示，开始宣传对传统的多神崇拜进行改革，强调阿胡拉·玛兹达是正义王国唯一的最高主宰，他具有光明、生命、创造等德行，也是秩序和真理的化身，他创造了火，即"无限的光明"，并终将统率众天使消灭罪恶。袄教的主要经典是《阿维斯陀》(Avesta)，意思是"智慧、经典、谕令"，也被称为"波斯古经"。

在琐罗亚斯德传教初期，因为受到地方祭司的强烈反对，他不得不于42岁时远走大夏(今阿富汗一带)。在那里，他受到了当地国王维斯塔巴的支持，在维斯塔巴的带动下，王族大臣纷纷加入该教。从此，该教地位得以巩固，并在中东地区迅速传播，后来被居鲁士建立的波斯帝国和萨珊朝波斯奉为国教。在阿拉伯人征服萨珊朝波斯之后，袄教受到伊斯兰教的冲击，并开始随着波斯遗民的东迁而向东方扩散。

实际上，早在南北朝时期，袄教就已经通过粟特商人传入中国，受到当时北方各国皇帝的扶持。如，北魏灵太后曾率宫廷大臣及眷属数百人奉祀火天神，北齐后主"躬自鼓舞，以事胡天"，这都是当时皇室从事袄教宗教活动的记载。

而到了唐代，随着大量波斯人进入中国，无疑使袄教在中国的传播得到加强。各地建有许多袄祠以备"胡商祈福"，袄教已在西域的高昌、焉耆、康国、疏勒、于阗等地大为盛行了。而且从北魏开始，北齐、北周都在鸿胪寺设置袄教的祀官，唐朝的祠部设有管理袄教的祀官萨宝。

谈到袄教，我们不可避免地要提到摩尼教，因为很多人错误地把琐罗亚斯德教与摩尼教混为一谈。

摩尼教为波斯人摩尼(Mani，216—276年)所创，其起源比袄教要晚得多。摩尼教的教义主要是提倡"二宗三际论"。"二宗"是指世界存在两个本原，即黑暗与光明、善与恶；"三际"是指世界发展的三个过程，即初际(过去)、中际(现在)和后际(将来)。在初际，光明与黑暗、善与恶是互相对峙的两个王国；在中际，黑暗势力侵入光明王国，双方展开斗争；而在后际，光明将最终战胜黑暗。

摩尼生前曾遭放逐，他在273年回到波斯，276年被捕后死于狱中。但是在摩尼死后，他的弟子们成功地把摩尼教更广泛地传播开来。

在吐鲁番发现的一件摩尼教文献残片记载，在摩尼尚在人世的时候，就曾经派遣弟子阿莫渡过阿姆河，前往粟特地区传教。摩尼教正式传入中国是在武则天时期，而民间接触到摩尼教也许还要早于唐朝，到武则天时期，摩尼教已经在下层民众中有了很大的发展。

> 在吐鲁番发现的两首摩尼教帕提亚文赞美诗《胡威达曼》(Huwidagman)和《安格罗斯南》(Angad Rosnsn)，据研究，都是公元3世纪的作品，其作者是摩尼派往东方传教的弟子。也就是说，这两首赞美诗是最早的东方摩尼教经典。
>
> 陈尚胜《五千年中外文化交流史》第1卷

摩尼教在传入中国之后，也被称为明教、末尼教、牟尼教、明尊教。摩尼教的法堂被称为大云光明寺。长安、洛阳、太原、荆州等地均建有摩尼教寺院。

在唐代另一种外来宗教景教，也就是基督教的聂斯脱里派。聂斯脱里本是东罗马帝国君士坦丁堡的主教，他主张耶稣有神、人“二性二位”，是其神性本体附在其人性本体之上，因而玛利亚只能被视为是作为人的耶稣之母，而不是作为神的基督之母。聂斯脱里的主张后来被判为异端，其信徒受到迫害，一部分逃往波斯，并在波斯国王的保护下成立了自己的教会，与西方的基督教会对峙。与摩尼教、祆教共同形成波斯当时的三大宗教。

根据立于781年的大秦景教流行中国碑记载，景教在635年由阿罗本传入中国。此后，不仅在唐朝首都长安建有景教的寺院，在各地也陆续兴建了一些景教寺院，证明在中国有相当数量的景教信徒存在。

> 大秦景教流行中国碑于明代天启三年(1623年)出土，当时在华的西方传教士曾将拓片及译文寄往欧洲。此碑被送到附近的金胜寺内，交寺僧保管。清代曾于1859年造碑亭，

但不久碑亭因战乱被毁,碑石暴呈荒郊。西方一些学者主张将此碑运往欧洲保管。1891 年,欧洲某公使馆请求总理衙门设法保护此碑,总理衙门为此专门拨款 100 两银子,但由于官吏层层贪污,银子发到地方时就变成了 5 两,已不敷建碑亭的费用了,仅建一小篷遮盖。20 世纪初,丹麦人傅里茨·何尔谟(Fritz Halms)出三千金买下此碑,准备运往伦敦。因清政府阻止,最后何尔谟同意废除购买合同,但获准复制一个大小相同的碑模带回伦敦。1907 年陕西巡抚将大秦景教流行中国碑入藏西安碑林(现西安碑林博物馆)。

唐武宗会昌年间(841—845 年)曾有过一系列取缔佛教的措施,中国佛教界称之为"会昌法难"。有学者研究,在这次对佛教的打击中,与佛教同样作为外来宗教的所谓"三夷教",即景教、祆教、摩尼教,也同样在取缔之列。

"会昌法难"持续的时间并不长,在会昌五年(845 年)达到高潮,而次年即因唐武宗去世而终止。但是,此后佛教依靠其在中国的深厚基础而迅速复兴,而景教、祆教却在中原地区基本绝迹了。但令人奇怪的是,景教却能够在北方草原民族中找到自己的信仰者。在成吉思汗统一蒙古草原之前,草原部落如乃蛮、克烈、汪古等部,都是信仰景教的。

此后,摩尼教在中国也还有过一定程度的发展。帮助唐王朝平定安史之乱的回鹘人就是信仰摩尼教的。

摩尼教于 763 年传入回鹘,在回鹘可汗的大力提倡下发展迅速,很快成为回鹘全民族信奉的宗教。摩尼教在回鹘汗国中势力极大,摩尼教僧侣甚至参与汗国的政治。自唐代中叶开始直到 11 世纪,回鹘诸政权的涉外活动多离不开摩尼师的参与,正如陈垣先生所言:"其敬重等于宰相都督,其亲信等于骨肉。"但在 840 年回鹘衰落西迁以后,摩尼教也随之衰落下去。

唐代以后,摩尼教仍在中原地区传播,并多次成为组织农民起义的工具。其中比较有代表性的就是北宋的方腊起义。有学者认为,元末农民大起义中的首领韩林儿又称“小明王”,朱元璋建立的政权定国号为“明”,都是受到了摩尼教的影响。

4.4 阿拉伯人与回族

公元7世纪,在穆罕默德去世之后,统一在伊斯兰教旗帜下的阿拉伯人开始了向阿拉伯半岛外的征服,同时也就开始了阿拉伯人向半岛外的大规模迁徙。

事实上,早在接受伊斯兰教以前,阿拉伯人就已经开始了向半岛外的迁徙,在人口增殖的压力下,一部分阿拉伯人或是进入叙利亚地区,或是进入肥沃的新月地带,以摆脱贫瘠的沙漠绿洲,并由游牧业转而定居从事农业生产。在新迁入的地区,他们建立了一些小国,或是依附于东罗马帝国,或是成为波斯帝国的附庸,一方面作为这两大帝国对峙的桥头堡,另一方面,他们也协助这两大帝国,对付他们那些时常自半岛沙漠地区冲出劫掠两大帝国边境的同族。

当信仰伊斯兰教的阿拉伯人走出半岛之后,这些早期迁离半岛的阿拉伯人很快地也加入到伊斯兰教的队伍之中,一同向东罗马帝国和波斯帝国发起了进攻。在阿拉伯人的强大攻势下,东罗马帝国的势力迅速向小亚细亚萎缩,而波斯帝国则被彻底消灭。从此,阿拉伯人开始广泛分布于地中海东岸各地,特别是幼发拉底河和底格里斯河流域。今天伊拉克的库法、巴士拉,最初就是远征的阿拉伯部队的驻扎地,后来迅速发展成为伊斯兰世界新兴的重要城市,也是移民为主建立起来的城市。

经过阿拉伯帝国早期的迁徙,自地中海东岸的叙利亚到中亚的呼罗珊地区,到处都可以见到阿拉伯移民的身影,而在新迁入地区,甚至原来生活在半岛时的南方阿拉伯人和北方阿拉伯人之间的差异仍旧存在。

在伊斯兰教之前,有几个北方的阿拉比亚部族迁移到伊

拉克去,他们沿底格里斯河建立起赖比耳族的住所,沿幼发拉底河建立起穆达尔族的住所。在穆达尔部族中,盖斯人居于领导地位。居住在叙利亚的其他部族,则是从南阿拉比亚迁移来的,因此,被称为也门部族。在叙利亚的也门部族中,以凯勒卜人为最著名。至于在波斯东北省区呼罗珊的阿拉比亚人,则大半是从巴士拉城来的殖民者,因此,他们大半是北方的阿拉比亚人,在那里居于领导地位的是台米本人,相当于幼发拉底河地区的盖斯人。呼罗珊的也门派人,被称为艾兹德人,这是以其中最著名的支族称呼整个部族的。在某些省区中,盖斯人被称为尼萨尔人或麦阿德人。这些部族叫什么名字,那是无关紧要的,重要的事实是,北方的阿拉比亚各部族,跟南方的阿拉比亚各部族,老是针锋相对。

［美］希提《阿拉伯通史》

但是,向东方迁徙的阿拉伯人数量可能并不太多,或者可能是因为他们迁入的波斯地区原本就拥有比阿拉伯人更为发达的文化,反正结果是,东方的伊朗高原及中亚地区,虽然此后经历了伊斯兰化,却没有像西部的环地中海地区那样,同时也经历了阿拉伯化。直至今天,伊朗高原还是波斯人的分布区,并不存在成规模的阿拉伯人聚居地,而中亚地区则逐渐经历了突厥化的过程,成为说突厥语的各民族的分布区。

在倭马亚王朝统治期间,穆斯林开始了向东方的第二次征服浪潮,领导远征的是两位名将:古太白·伊本·穆斯林和穆罕默德·伊本·嘎西木。古太白向东北方向进军,于705年征服巴克特里亚地区,于706—709年征服粟特(Sogdiana)的布哈拉及其四周的领土,于710—712年征服撒马尔罕和西面的花剌子模。阿拉伯人向波斯帝国传统的东部边界阿姆河以东推进了很远。与此同时,嘎西木则率军向西南方向挺进,征服莫克兰,通过现代的俾路支,于711—712年征服信德,即印度河下游的河谷和三角洲。但是,这一次新的征服浪潮似乎并未导致大规模的移民运动,尽管新征服的地区在此后都成为伊斯兰世界的组成部分,但当地居民的种族成分却并未因此而发生明显的变化。而在此次征服之后,伊斯兰世界的东部边界就稳定了相当长的时间。

不过,阿拉伯人向东方的迁徙却远远地超出了伊斯兰世界的东部边界,阿拉伯商人进入印度次大陆,进入东南亚一些港口和今越南北部地区,并远至中国。阿拉伯商人所到之处,慢慢地,都出现了阿拉伯人的小范围移民定居点,伊斯兰教也因此而得到迅速传播。

中国史书中习惯称阿拉伯人为"大食",这是对波斯语 Taji 的音译,原本是指阿拉伯人的一个名为 Taji 的部落,后来用来指所有阿拉伯人。

伊斯兰世界与中国最早的正式往来出现于 651 年,第三位哈里发奥斯曼在位期间,曾经遣使中国。但我们现在还无法断定,信仰伊斯兰教的阿拉伯商人最早是何时前来中国的,不过,民间传说,最早来中国的阿拉伯移民不是商人,而是传教者。

明代何乔远的《闽书》中记载,穆罕默德门徒中有四位大贤在唐武德年间(618—628 年)来中国宣传伊斯兰教,他们航海而来,一位落脚在广州,一位在扬州,两位在泉州。他们后来都死在中国,这应是最早进入中国的阿拉伯移民。传说今天泉州的灵山圣墓,就是当年两位来泉州传教的穆斯林的坟墓。但学者们对此还是表示怀疑的。

关于伊斯兰教进入中国,民间还有另一种传说。据说,唐太宗曾夜梦一猛兽来扑,正在不得脱险的时候,忽见一人身着绿袍,头缠白布,手持素珠,急驱猛兽,这才使唐太宗得以脱险。第二天唐太宗找人解梦,有人说:"猛兽乃乱臣贼子之象征,将谋叛国;异人乃天方圣人也。此梦之意,我国舍此圣人之恩泽,将不得长治久安。"于是唐太宗遣使臣至天方国,请至圣穆罕默德派人到中国来传教。

科威特学者法赫米·忽威迪的《伊斯兰教在中国》一书中指出："由于倭马亚朝的暴政，从呼罗珊逃出的阿拉伯什叶派穆斯林，在伊历2世纪之前来到了中国。"如果那样的话，此后也还有通过陆路进入中国的穆斯林。

不过，在唐代，来中国的阿拉伯人主要是商人，而且基本上都是通过海路来中国的。因此，东南沿海地区的几个对外贸易的重要港口，才成为阿拉伯人的主要聚居地，其中最具代表性的是今广州。

据卒于957年的阿拉伯历史学家和地理学家麦斯俄迭的记载，从巴士拉、西拉夫、阿曼、印度各城市、桑夫群岛和其他国家来广州的商人络绎不绝，"广府城人烟稠密，仅仅统计伊斯兰教人、基督教人、犹太教人和火祆教人就有二十万人"。当然，其记载的数字可能有一些夸张，但有大量的阿拉伯人居住在广州一带当是事实。

除广州外，另一个重要的穆斯林聚居地是扬州。据《旧唐书》记载：宋州刺史刘展叛乱，淮南节度使邓景山讨伐失利，借平卢副使田神功助剿。田神功进到扬州，大肆烧杀抢掠，居住在扬州的大食及波斯贾胡死于此役者竟达数千人之多。

到了宋代，地位越来越重要的港口泉州也成为穆斯林的聚居地。这里不仅建立了清真寺，而且近代以来在这里发现的大量阿拉伯文和波斯文的墓碑以及其他石刻，也证明着这里昔日的繁盛。

唐代也有大量汉人进入伊斯兰世界，这与唐王朝和阿拉伯帝国之间的一场战争有关。

战争的起因和唐王朝与阿拉伯帝国争夺对中亚诸粟特人小国的控制权有关。唐朝借口中亚的石国"无蕃臣礼"，令安西节度使高仙芝领兵征讨。石国请求投降，高仙芝假意允诺，之后攻占并血洗石国城池。石国国王被俘，送往长安后被处斩，侥幸逃脱的石国王子向阿拉伯帝国的阿拔斯王朝求救。751年，阿拉伯军队与高仙芝率领的唐军，在怛罗斯（今哈萨克斯坦的塔拉兹）展开会战，唐军惨败，近两万士兵被俘投降。

投降后的唐军被带到撒马尔罕一带，阿拉伯人保留了唐军原来的建制和军官，使他们成为阿拉伯人的雇佣兵。这支部队后来还曾经到过阿拔斯王朝的新都巴格达，再后来，他们被调往北非与柏柏尔人作战。他们此后的下落就不是很清楚了。

被俘的唐军中有许多能工巧匠，如造纸匠、纺织匠、画匠等等。《通典》作者杜佑的族子杜环，作为高仙芝部队的一个随军书记官，也成了阿拉伯人的俘虏。杜环由此开始在伊斯兰世界各地旅居达十年之久，他回国后写成的《经行记》一书，是最早的介绍伊斯兰世界历史文化的汉语著作，可惜的是原书已经失传，我们现在只能在其他书中见到所征引的一些片段。杜环在西亚时，就曾见到过中国工匠在当地工作，其中有汉人作画者，如京兆人樊淑、刘批；纺织者，如河东人乐陵、吕礼等。这些人把唐代高超的手工技艺，教授给阿拉伯人，进而传到欧洲，在中西文化交流史上写下了光辉的一页。特别值得提出的是，中国造纸术的西传。据说，撒马尔罕在8世纪后期所建立的中国境外的第一座造纸作坊，就是由中国工匠充任师傅的。

来中国的阿拉伯人以及其他民族的穆斯林，也有是被俘而来的。据《太平广记》记载，唐朝时，在海南岛有两个大海盗，一个叫冯若芳，一个叫陈武振，他们以劫掠外国商船为生，每年劫取外国商船数艘，抢掠船上货物，并把船员作为奴仆，由此成为这一带的大富翁。有一些穆斯林商人就是因为遭到他们的抢劫，被其俘获成为奴隶而来到中国的。“于是，我们不得不承认，伊斯兰教在中国的传播，中国穆斯林的形成，还有一种比较特殊的方式，即外国穆斯林被掠到中国，被强迫定居，他们自己及其后代因而成为中国穆斯林。”

据《旧唐书》记载，在安史之乱中，还有一支阿拉伯人组成的部队来中国协助平叛。但是，这一支阿拉伯部队人数究竟有多少，他们在平定叛乱之后，是留居中国了，还是如有些学者论证的那样，经由广州从海路返回西亚了，现在尚难以确定。

还有一种说法，在安史之乱爆发的第二年，刚刚即位的唐肃宗向阿拔斯王朝的哈里发曼苏尔求救，曼苏尔派出4000人组成的穆斯林军队，来中国协助唐朝平叛。事后一部分人带着丰厚的犒赏回国，其余的则在中国定居下来。这种说法虽然并没有坚实的史料依据，但中国的回族中却流传着类似的传说，说安史之乱时，阿拉伯帝国派出数千骑兵助唐平乱，事后唐王赏赐这些士兵居住长安，为其修建清真寺，准许他们与中国妇女婚配，其后裔发展为今天的回族。回族穆斯林的一种沐浴器皿“汤瓶”，传说原本是叫“唐瓶”，就是唐王为他们设计的式样。

不管怎么说，唐宋两代肯定已经有一定数量的阿拉伯移民在中国少数几个城市中定居了。广州的怀圣寺就是唐朝时兴建的，是中国境内最早修建的清真寺之一。这些迁徙中国的穆斯林，他们居住的特定街区被称为“蕃坊”，由中国政府任命的“蕃长”来管理。他们还获准依据伊斯兰教的法律来判决他们之间的纠纷。但是，这些移民在一定程度上还具有侨民的性质，他们也还保留着自己的语言，尚未演变为中国境内的少数民族。

公元851年，阿拉伯商人苏莱曼在其游记中记述了广州阿拉伯人聚落的一些情况：中国商埠为阿拉伯人麇集者曰康府。其处有伊斯兰教掌教一人，教堂一所。……各地伊斯兰教商贾既多居广府，中国皇帝因任命伊斯兰教判官一人，依伊斯兰教风俗，治理穆斯林。判官每星期必有数日专与穆斯林共同祈愿，朗读先圣戒训。终讲时，辄与祈愿者共为伊斯兰教苏丹祝福。判官为人正直，听讼公平。一切皆依《古兰经》、圣训及伊斯兰教习惯行事。故伊拉克商人来此地方者，皆颂声载道也。

转引自张星烺《中西交通史料汇编》

岳飞的孙子岳珂还曾参观过广州的怀圣寺。他在《桯史》一书中记载：“有堂焉，以这祀名，如中国之佛，而实无像设，称谓聱牙，亦莫能晓，竟不知何神也。堂中有碑，高袤数丈，上皆刻异书如篆籀，是为像主，拜者皆向之。”这显然是对清真寺中礼拜殿的描述，只不过因为语言不通，岳珂对伊斯兰教的风俗完全不了解。

就在穆斯林商人通过海路进入中国南部地区的同时，也有穆斯林商人通过陆路进入蒙古草原。

1203 年，羽翼未丰的成吉思汗受到克烈部长汪罕的袭击，败逃至班朱尼河（在今克鲁伦河下游呼伦湖西南），追随他的仅有 19 人。成吉思汗与众人饮河水为誓："使我克定大业，当与诸人同甘苦。"这 19 位曾与成吉思汗同饮班朱尼河水的人，后来成为蒙古汗国的开国大功臣。其中一人名叫札八儿火者，《元史》中称他是"赛夷"，是"西域部之族长"，就是一位穆斯林。"赛夷"是阿拉伯语 Sayyid 的译音，意思是贵族，在伊斯兰世界中，是对穆罕默德后裔的尊称，也译为圣裔。说明这位在蒙古草原上生活，并追随成吉思汗打天下的札八儿火者，竟然是穆罕默德的后裔。

在成吉思汗及以前的时代，活跃在蒙古草原上的穆斯林商人究竟有多少，我们已经无从得知，但需要指出的是，成吉思汗派往花剌子模国的第一批商队的成员，都是从蒙古皇室子弟、将官们的部下抽调的，共有 450 人，就全部是穆斯林。由此可见，当时活动在蒙古草原上的穆斯林商人数量之多。这支商人的首领是讹答剌人乌马儿火者、篾剌合人哈马勒、不花剌人法合鲁丁、哈罗人阿敏丁四人，从地名和人名来看，他们应该都是来自花剌子模的穆斯林商人。最早为成吉思汗效力而且在蒙古汗国中最为著名的穆斯林商人当数阿三。

《元朝秘史》是这样描述阿三与成吉思汗的相遇的："又有阿三名字的回回，自汪古惕种的阿剌忽失的吉惕忽里处来，有羯羊一千，白驼一个，顺着额洏古涅河易换貂鼠青鼠，来至巴泐渚纳海子饮羊时，遇着成吉斯。"汪古惕种指汪古部，当时活动在今内蒙古自治区大青山北四子王旗附近。阿三是阿拉伯语人名哈桑的另一种译写，其人是一名曾赴麦加朝觐过的穆斯林，从中亚来这里经商。

穆斯林大量进入中国则是在蒙古西征之后。

蒙古三次西征，给伊斯兰世界造成了巨大的灾难。特别是在成吉思汗的西征之后，大量的穆斯林工匠被掳掠东来，大量的穆斯林青年被强迫从军来中国，协助蒙古人攻打金、西夏和南宋，以此为契机，大量中亚、西亚的穆斯林涌入中国。

究竟有多少个信仰伊斯兰教的民族、有多少穆斯林随蒙古人东来进入中国，现在已经无从查知，从现有的史籍记载来看，东来的穆斯林至少来自20个以上的不同民族。如果我们按其语言进行区分，大体而言，这些进入中国的穆斯林多数分属于3个不同的语言集团，广义的突厥语、波斯语，还有阿拉伯语。

有学者发现，随蒙古人东来的甚至还有犹太人、俄罗斯人、匈牙利人、亚美尼亚人和吉卜赛人。

在此时期，进入中国的穆斯林人数众多，民族成分复杂，分布地域广泛。周密的《癸辛杂识·续集》一书中说："今回回皆以中原为家，江南尤多。"事实上，北至漠北草原蒙古汗国早期的都城和林（今蒙古国杭爱省鄂尔浑河上游东岸之哈尔和林），南逾南岭，西至今新疆，东达东南沿海地区，到处都有迁入中国的穆斯林留居。据1254年出使蒙古的法国传教士鲁布鲁克的记载，和林城内有两个区，其中一个他称之为萨拉森人区，也就是穆斯林的居住区，还至少有两座清真寺。

曾于元代来中国的北非摩洛哥穆斯林旅行家伊本·白图泰，在他的游记中有这样的记述："隋尼克兰（指广州）是一大城市，街市美观，最大的街市是瓷器市，由此运往中国各地和印度、也门……城的一个地区是穆斯林居住区，内有清真大寺（有养育院，有市场），并设有法官（Qadi，哈的）和谢赫（Shaikh）。中国每一城市都设有谢赫·伊斯兰（Shaikh al-Islam），总管穆斯林的事务。另有法官一人，处理他们之间的诉讼案件。"

元代人分四等，穆斯林居第二等。元代的法令规定，杀一穆斯林，罚黄金40巴里失。穆斯林的社会地位比较高，还出过许多高官。而且元代一些蒙古人、汉人和驻扎原西夏统治区的士兵，皈依了伊斯兰教，给中国穆斯林增添了新的土著成分。为适应穆斯林急剧增加和定居各地的需求，元朝政府设"回回掌教哈的所"掌管穆斯林的诉讼。由于穆斯林的增多，清真寺普遍建立起来，仅泉州就新建清真寺六七座。

自元代开始，进入中国的各族穆斯林开始逐渐汉化，在这一过程中，以共同的宗教信仰为纽带，各族穆斯林之间的差异在日渐消失。至元末明初，进入中国内地的各族穆斯林最终融合为一个新的民族——回族。各族穆斯林原来使用的多种语言也都逐渐消失，这一新的民族共同体是以汉语为母语的，见于史书记载的穆斯林人名也不再是阿拉伯语名字或者是波斯语、突厥语名字，而是演变为典型的汉语人名。

历经数世纪，迁入中国的多个穆斯林民族，最终凝铸为中国境内一个新兴的少数民族回族，此后，回族一直在中国历史上发挥着重要作用。闻名世界的航海家郑和就是世居云南的回族，但我们不知道，他的航海壮举是否与其先祖的移民迁徙存在某种微妙的联系。

5　中国人的三次南迁浪潮

先秦时代诸侯国整体搬迁的现象,虽然随着秦朝对中国的统一而消失,但是,秦的统一也造成了华夏居民向中原周边地区的迁徙。随着秦王朝发动的大规模战争,向南,中原移民越过南岭山脉,甚至远达今越南北部地区;向北,在蒙恬率部队打败匈奴人之后,秦始皇还将大量中原农民迁入河套一带原匈奴游牧区,开垦种植;向东北,为追击燕国的残余势力,秦军不仅进军辽东半岛,而且一直打到大同江流域。但是,这些伴随着军事行动的移民,因为秦王朝在不久后崩溃,很多人又迁回到原来的居住区。

秦末的战乱再一次导致了中原居民的外迁,这一次移民的影响远远超过了秦统一过程中的移民浪潮。甚至有数以万计的中国人进入朝鲜半岛的大同江流域,他们在当地居民中所占比例是如此之高,以至于汉语成为大同江流域通用的语言,汉代扬雄在编写《方言》一书时,就是将大同江流域视为一个汉语的方言区。与此同时,也有大量中国移民进入日本列岛,现在学者们都承认,中国移民的到来是推动日本列岛社会发展并开始向国家演进的主要动力。汉王朝的繁荣一度带来人口分布的稳定,但此后,主要是由于战乱的缘故,中国内部还出现过 3 次大规模的移民浪潮。

5.1　永嘉之乱后的移民潮

就在部分匈奴、鲜卑部落踏上西迁的不归之路的同时,匈奴、鲜卑、羯、氐、羌、丁零、乌桓等北方民族也纷纷南迁进入中原,成为黄河流域的新居民。西晋王朝崩溃以后,匈奴、鲜卑、羯、氐、羌等 5 个民族先后在黄河流域建立了一系列地方割据政权,与江南的东晋王朝并存,因此,我们习惯上称这一历史时期为“五胡十六国”时期,但实际上存在过的割据政权并不止16个。

表5-1　晋代诸族割据政权表

国名	创建者	民族	存在时间	灭于何国	国名	创建者	民族	存在时间	灭于何国
汉、前赵	刘渊	匈奴	304—329	后赵	成汉	李雄	巴氐	304—347	东晋
前凉	张寔	汉	317—376	前秦	后赵	石勒	羯	319—351	冉魏
冉魏	冉闵	汉	350—352	前燕	前燕	慕容皝	鲜卑	337—370	前秦
前秦	苻洪	氐	350—394	后秦	后秦	姚苌	羌	384—417	东晋
后燕	慕容垂	鲜卑	384—407	北燕	西燕	慕容泓	鲜卑	384—394	后燕
西秦	乞伏国仁	鲜卑	384—431	夏	后凉	吕光	氐	386—403	后秦
南凉	秃发乌孤	鲜卑	397—414	西秦	南燕	慕容德	鲜卑	398—410	东晋
西凉	李暠	汉	400—421	北凉	夏	赫连勃勃	匈奴	407—431	吐谷浑
北燕	冯跋	汉	407—436	北魏	北凉	沮渠蒙逊	匈奴	401—439	北魏
代	拓跋猗卢	鲜卑	315—376						

南匈奴投降汉王朝以后渐南迁，最后居住在今山西北部。西晋在经历16年的“八王之乱”以后，实力大为削弱，匈奴人刘渊乘机起兵反晋。公元316年，匈奴人建立的前赵政权灭亡了西晋，开启了“五胡十六国”时期。晋王室南渡建立了东晋政权(317—420年)。随着西晋的灭亡，北方各地纷纷出现割据势力。313年张轨控制凉州，史称前凉；315年，拓跋鲜卑在塞北建立代国；控制辽西的慕容鲜卑建立了前燕。

匈奴人的前赵在灭亡西晋之后不久就发生了内乱，原刘渊的部将羯族人石勒脱离前赵自立，史称后赵，并灭亡前赵。后赵又为冉闵篡权，建立了冉魏。冉闵对羯族实行种族灭绝政策，中原大乱，慕容鲜卑建立的前燕乘机南下灭冉魏，控制了中原大部分地区。

就在后赵灭亡前后，氐族在关中建立了前秦。慕容氏的前燕在受到南方东晋的进攻时，曾以割让虎牢关以西的领土为条件，向前秦求救，但由于东晋部队主动撤退，前燕又对前秦毁约，导致前秦出兵灭掉了前燕。苻坚在位期间，前秦基本统一了北方各地。但是，淝水之战中前秦失利，使苻坚灭亡东晋、统一中国的愿望化为泡影。

淝水之战后，由于前秦衰落，北方各地再次出现分裂割据的局面。

慕容鲜卑建立了后燕、西燕；乞伏鲜卑建立了西秦；氐族的一支仇池氏也宣布独立建国，史称仇池；羌族在关中建立了后秦；拓跋鲜卑于代地复国，国号魏，史称北魏。西燕在攻破前秦之后，却被其同族建立的后燕所灭。后燕不久受到北魏的进攻，而分裂出南燕，南燕不久为东晋所灭，后燕退守慕容鲜卑的老根据地辽西地区，后发生内乱，最终冯跋即位，史称北燕。

曾经统一北方的氐人政权前秦最终被羌人建立的后秦所灭，后秦又灭亡了乞伏鲜卑建立的西秦，控制了关中大部分地区。匈奴铁弗部因受到北魏攻击而投奔后秦，但不久后，这一支匈奴人就在赫连勃勃的领导下脱离后秦，建立了夏政权。

在淝水之战前奉命出征西域的前秦旧将吕光，在得知苻坚被杀的消息后自立，史称后凉。后来，匈奴人沮渠部自后凉独立，建立了北凉；秃发鲜卑也脱离后凉，建立了南凉；北凉的敦煌太守李暠（汉族）叛北凉，一度建立西凉，但不久即为北凉所灭。

后凉为羌人的后秦所灭，后秦为东晋所灭；鲜卑人的南凉为西秦所灭，匈奴人的夏政权又为鲜卑人发展而来的吐谷浑所灭。最终，拓跋鲜卑的北魏政权灭亡北凉、北燕，基本上统一了中国北方。

而在北魏统一北方之前，南方的东晋已被刘裕篡权，改国号为宋。宋之后的政权更迭依次为齐、梁、陈，这四个朝代因为都立国于南方，合称“南朝”；北魏及其后分裂成的东魏、西魏，以及取代东西魏的北齐、北周，合称“北朝”，中国历史进入了南北朝时期。

表 5－2　五胡族属及政权延续时间表

<table>
<tr><th>人种</th><th>族系</th><th>族称</th><th>建立政权</th><th>延续时间</th><th>经济类型</th></tr>
<tr><td rowspan="4">黄种人</td><td>匈奴</td><td>匈奴</td><td>前赵、夏、北凉</td><td>304—329、401—439</td><td rowspan="2">游牧</td></tr>
<tr><td>东胡</td><td>鲜卑</td><td>前燕、后燕、西燕、南燕、西秦、南凉、代</td><td>315—376、384—431</td></tr>
<tr><td rowspan="2">羌</td><td>羌</td><td>后秦</td><td>384—417</td><td rowspan="3">亦农亦牧</td></tr>
<tr><td>氐</td><td>前秦、后凉</td><td>350—403</td></tr>
<tr><td>白种人</td><td>粟特</td><td>羯</td><td>后赵</td><td>319—351</td></tr>
</table>

除了我们前面已经介绍过的白种人的粟特族群之外，迁入中原地

区并曾建立政权的少数民族主要是两大支:来自蒙古草原的匈奴人和鲜卑人,来自青藏高原边缘地带的羌人和氐人。

羌人和氐人兴起较晚,虽然苻坚出于统治的需要曾将部分氐人迁往关东,但总体而言,羌人和氐人主要聚居于关中地区,其影响力也主要体现在关中与河西走廊。匈奴人虽然在五胡中第一个建立政权,并灭亡了西晋,但在此后的历史发展中却未能发挥重要的作用,由匈奴族建立的夏与北凉两个政权不仅存在时间不长,而且都局限于西北一隅。在此时期,对中原北方构成最大冲击的移民集团主要出自鲜卑,但鲜卑人对中原各地的影响也并不一致:东部齐鲁地区是避乱的中原移民的迁入地之一,鲜卑人迁入的比较少,因而较多地保存了中原文化的传统;河洛一带因为是统治中心,鲜卑人迁入较多,鲜卑化较为严重,颍川南阳一带也是如此;而北方的燕赵地区因为是鲜卑人南下最早进入的地区,几乎成为鲜卑人的根据地了。

除了今河南、河北之外,北方各族进入人数较多的地区当数关中地区。据江统在《徙戎论》中提到"关中之人,百余万口,率其少多,戎狄居半",北方各族在这里几乎占到总人口数的一半。

五胡十六国时期是各种矛盾空前激化的时代,是给各族人民带来深重灾难的时代,但也是人员流动最为频繁的时代。部队的频繁调动与重组、平民为躲避战乱而成集团迁徙、少数民族政权建立后对同族的聚拢、各族政权为政治经济目的向其统治中心的强制移民、政权解体后人民的四散,往往都会形成大规模集团性的人口流动。因而,黄河流域逐渐成为多民族杂居的地区,各族的分布都呈现出一种"大分散、小聚居"的特点,在非常广阔的区域里,移民及其后裔呈"马赛克"状分布。

西晋灭亡后,由于黄河流域陷入各割据政权的持续混战之中,为躲避战乱,黄河流域的汉族也开始大量南迁进入江淮流域。汉族的这次南下,具有地域范围大、裹挟人数多、涉及阶层广、延续时间长等特点。

据谭其骧《晋永嘉丧乱后之民族迁徙》一文的研究,到南北朝的刘宋时期为止，迁入江南的北方移民共约90万人，占当时刘宋政权全境户口数的六分之一，占其迁出地区总人口数的八分之一强。这些侨民户口的分布，按今天的省区来说，江苏最多，大约有26万；山东约21万；安徽约17万；四川约10万；湖北约6万；陕西约5万；河南约3万；江西、湖南各1万多。参加迁移的人口数在总人口中所占的比例之高，在中国历史上是空前绝后的。

最为重要的是，此时期的移民迁徙活动是以群体方式进行的，移民集团往往聚族而居，在相当长的时间里保持迁出地区的文化风貌，成为迁入地区内一种新的亚文化，甚至改变了迁入地的文化特征。

《越绝书》称春秋战国时期的越人"锐兵任死"、吴国"百姓习于战守"。《汉书·地理志》在提到吴地的风俗时说："其民至今好用剑，轻死易发。"可见吴越一直以民风彪悍著称。三国时期的华蒙甚至说："江南精兵，北土所难。欲以十卒，当东一人。"但由于中原士家大族避乱南下，多迁入这一地区，导致该地民风大变。孙恩、卢循之乱，晋军主帅不敢使用吴兵攻阵，声言"吴人不习战"。在进入南朝以后，"南人怯懦"已成为人们的口头禅了。

蜀地民风的嬗变正好与吴地相反。在《华阳国志》、《晋书》等史书中能找到很多"蜀人懦弱"的记载。总体而言，自汉至晋，蜀地的民风是敦厚淳朴、平和柔顺的。西晋以后，由于关陇地区移民的大量迁入，使蜀地民风受到关陇地区强悍善战风气的影响，也日趋强悍。蜀地民风由"敦朴"、"懦弱"变为"乐祸贪乱"，益州刺史也由众人羡慕的肥缺变成了令人望而生畏的"繁任"。

草原民族以及东北、西北各族进入黄河流域，黄河流域的汉人进入江南地区，这场持续数世纪的大规模移民活动，结果是造成了中国经济文化区的整体南移。大体而言，汉末至南北朝，中国大的经济带与

文化带向南推移了大约5个纬度。

大量汉族移民的南下,不仅推动了江南地区的开发,确立了汉族在南方的主体民族地位,而且将在中原地区发展起来的汉族文化传向江南,这对中国历史的发展影响极为深远。根据谭其骧先生的统计,《南史》列传中(不计后妃、宗室、孝义等传)有人物728人,原籍北方的有506人,南方籍的只有222人。东晋南朝的所有君主,都毫无例外是北方移民或其后裔。这说明在南朝的政治、军事、经济、文化、艺术各方面起主要作用的是北方移民。

东汉以后中原地区的移民虽然以南下为主流,但进入周边其他地区的人口数量也相当可观,在客观上起到扩大汉族分布区、推动周边少数民族居住区经济文化发展的作用,也使中原地区的文化得以进一步向周边地区传播。五胡十六国时期周边少数民族的兴起,无不以吸纳大量汉族移民并借鉴其所带来的中原地区的先进生产方式和文化为前提。

以东北地区为例,乌桓族兴起的契机之一就是东汉中平四年(187年),前中山太守张纯叛入丘力居所部,成为三郡乌桓元帅,从此三郡乌桓成为乌桓族最强大的一支。此时的三郡乌桓中已经生活着为数不少的汉族,据《后汉书》记载,汉末"幽、冀吏人奔乌桓者十万余户"。慕容鲜卑的兴起也与此类似。

进入河西走廊的中原移民数量也相当可观。据《资治通鉴》记载:"永嘉之乱,中州之人士避地河西,张氏礼而用之,子孙相承,衣冠不坠,故凉州号为多士。"中原移民的大量迁入,使五胡十六国时期的河西走廊成为新兴起的文化中心,其所保存的中原文化成为北朝文化乃至隋唐文化的重要来源之一。

魏晋南北朝时期的移民潮与民族融合,也造就了盛唐文化的开放性。汉武帝重用匈奴人金日磾,在两汉这是少数民族得享高官非常罕见的例子,而唐代政府中少数民族高级官员非常多,以至有人发出"近日中书,尽是蕃人"的感叹。唐代的将军出身异族的就更多。不仅发动叛乱的安禄山、史思明,连抵抗安史叛军的哥舒翰,都是北方民族之间的混血儿。少数民族在社会其他方面也取得了令人瞩目的成就，盛唐三大诗人中，白居易祖籍龟兹，李白来自中亚碎叶，其血统恐怕都与汉族无关。晚唐著名诗人元稹出自北魏王室，是鲜卑人的后裔。应该说，盛唐时代是很多民族在共同推动中华文明的发展，中华文明不再是汉族的专利。

在匈奴人刘渊灭亡西晋帝国一个半世纪以后，西罗马帝国也在北匈奴西迁所引发的民族迁徙浪潮冲击下崩溃。在这一个半世纪里，无论是在亚洲还是在欧洲，北方草原民族都大量涌入农耕世界，农耕世界的几大帝国，印度笈多王朝、波斯萨珊王朝、西罗马帝国、拜占庭帝国以及中国，无不受到游牧民族的侵袭。但游牧民族的入侵对各地造成的影响却各不相同。

> 中国北部和印度北部虽遭蹂躏，但仍保持了它们各自独特的文明；中国南方和印度南方，因与游牧民族相距遥远而幸免于难；拜占庭和波斯帝国势力强大，足以击退侵略者；而西方却长期屡遭日耳曼人、匈奴人、穆斯林、马扎尔人和维京人的侵略，因而其古典社会秩序遭到破坏的程度也就比欧亚大陆上的其他地区远为严重。
>
> 〔美〕斯塔夫里阿诺斯《全球通史》

在欧洲，“蛮族”的入侵导致西欧古典文明的终结和中世纪时代的开始，欧洲出现“蛮族化”现象，在政治、文化乃至种族上都发生了根本性变化。最为重要的是，欧洲再也未能出现罗马帝国那样的大帝国。而中国却能够从五胡十六国的纷争中恢复过来，重建帝国并造就古典文明的复兴。

5.2 安史之乱后的移民潮

在某种意义上讲，盛唐在文化方面的成就，就是此前中国第一次移民浪潮的结果。目前的研究证明，唐代非汉族人口应占中原地区总人口的10%～19%，活动在西北的少数民族在安史之乱前约有150万户、700万人。北部沿边各地几乎都有少数民族居住。在唐王朝控制中亚地区之后，与西亚、南亚乃至欧洲的交往更加密切，异域文化通过这里源源不断地进入中国。唐代首都长安城人口达到百万，其中少数民族与外国人就几乎达到了20万，成为真正的国际性大都市。民族杂居与民族融合不仅将多民族的文化成就凝聚为一个超越各民族原有文化之上的新文化，而且打碎了对异文化持排斥态度的狭隘的民族自大心态，有力地推动了文化的传播和对异文化的吸收。

根据陈寅恪的研究，建立唐王朝的李氏家族很可能原本就不是汉族。而且，唐高祖李渊的母亲独孤氏，唐太宗的母亲窦氏，外祖母宇文氏，唐高宗的母亲长孙氏，唐玄宗的母亲窦氏，都是鲜卑人。至少，我们说唐朝的建立者是汉族与鲜卑移民的混血儿是不会错的。唐王朝不仅重用番将，而且宰相中也不乏非汉族成员，《新唐书·宰相世系表》中所列的98族姓369人中，非汉族者有11姓23人，时人遂有“华戎阀阅”之语。应该说，大唐盛世是在各方移民的共同努力下实现的，但这一切却又为一个中亚移民后裔领导的叛乱所打断。

由于安史之乱时，战场主要是在黄河流域，因此再一次导致了黄河流域居民大量南下的移民浪潮。据吴松弟的研究，在安史之乱后，北方移民南下的总计约在250万人左右。

安史之乱后，不仅河北地区出现了藩镇割据的局面，唐王朝又经历了农民起义的冲击。875—884年，黄巢领导的起义军席卷今山东、河南、安徽、江西、江苏、福建、广东、广西、陕西等12省，在攻克长安后，黄巢于881年称帝，国号大齐。在镇压黄巢起义的过程中，各地的割据势力纷纷而起，战乱频繁。至907年，朱温篡唐自立，建立后梁，唐王朝灭亡。就在唐王朝灭亡前的几十年间，为躲避北方持续不断的战乱，北方移民大量南下，据学者估计，在此期间南迁的中原移民可能达到400万人左右。

依照周振鹤先生的研究，安史之乱时期北方移民浪潮明显形成三道波痕，第一道涌得最远，达到湘南、岭南、闽南等地，第二道集中于长江沿线的苏南浙北、皖南赣北、鄂南湘西北一带，第三道则停留于淮南江北、鄂北和川中地区。三道波浪中，以中间一道的移民数量最多，第三道次之，第一道最少。

转引自吴松弟《中国移民史》第3卷

根据吴松弟《中国移民史》第3卷的归纳，唐后期北方移民南迁的路线主要可以分为东、中、西3条。

东线是来自华北平原各地的移民南下进入淮南、江南，再进入江西，然后大体上可以分为两路，一路是溯赣江南下，翻越大庾岭进入岭南；另一路是翻越武夷山进入今福建。

中线是来自关中和华北平原西部的移民，通过今河南邓州、湖北襄樊一带，由水陆两路南下：陆路经湖北荆门和江陵，渡长江，自洞庭湖西进入湖南，甚至溯湘江各支流南下，远达岭南；水路则是通过汉水、长江南下，也可以溯长江而上进入今四川一带。

西线是自关中越过秦岭进入汉中地区和四川盆地，因为需要经过褒斜道、子午道等栈道，道路比较难行。在安史之乱后，杜甫就是由此道入蜀的，他在《彭衙行》一诗中写道："忆昔避贼初，北走经险艰。夜深彭衙道，月照白水山。"

今陕西省的秦岭以南地区，河南省的汉水流域和淮河以南，湖北省的长江以北地区，安徽和江苏两省的淮河以南、长江以北地区是在这次移民浪潮中移民迁入较多的地区，在此区域内的许多府州，在当时，移民都构成了其人口的主体部分。在大巴山和长江干流以南，云贵高原和南岭山脉以北，包括今四川盆地、湖北、安徽和江苏三省的长江以南地区，还有今上海、浙江、江西、湖南、福建等省市，也都有相当数量的移民进入。

大量移民的到来，不仅将北方先进的农业生产技术传播到了南方，最为重要的是，为中国南方的开发提供了必要的劳动力。

在此之前，虽然永嘉之乱后北方移民大批南下，有力地推动了南方经济文化的发展，但从整体而言，南方的发展水平仍是明显落后于北方。经过东晋南朝的发展，至隋朝灭亡南朝最后一个政权陈以后，隋朝的版图虽然增加了30州、100郡、400县，但是在籍人口却仅仅增加了50万户、200万人，这个数字仅相当于同时期北方人口数的十四分之一。而且我们还应该注意到，这一时期立国于今中国东北东部和朝鲜半岛北部的高句丽政权，拥有的人口总数还高达69.7万户，中国南方人烟之稀少由此可见一斑。当然，多数学者认为，陈朝的户口统计疏漏严重，南方的实际人口数远高于此，但是基本可以肯定的是，唐末以前南方还是处于一种低度开发的状态，其原因虽然是多方面的，但缺乏足够的劳动力不能不说是重要原因之一。

唐朝前期，南方的发展水平仍旧无法与北方相比。安史之乱前，唐王朝鼎盛时期的人口数字，按天下10道分区统计，南方5道的总面积虽然大于北方5道，但是其户数却少于北方100万，人口数少于北方1000万，说明南方仍旧处于地广人稀的状态。

安史之乱虽然对北方经济造成破坏，但数百万移民南下，却为长江流域的开发提供了新的契机，直接刺激了南方经济的迅速发展。至北宋时期，南方经济发展水平已经超过了黄河流域，中国经济重心完成了由北至南的转变，而且这种局面一直保持到今天。

日本学者斯波义信认为，宋代经济的发展可以分为5个时期：开拓疆土的开国期（960年至10世纪30年代）、上升开始发动期（10世纪30年代至60年代）、上升期（10世纪60年代至1127年）、实质性成长期（1127—1206年）、下降始动期（1207—1279年）。江南地区经济的迅速发展及南北经济发展水平的拉大，是从11世纪30年代至1127年的第二、第三两个时期，也就是北宋中后期开始的。至第四期，即南宋初期，南北差距已变得十分引人注目。

〔日〕斯波义信《宋代江南经济史研究》

在中原汉族大量南迁的同时,也有少数民族迁入黄河流域,并对此后的历史发展形成过重要影响,比较典型的就是沙陀人。

关于沙陀人的族源,学者们的看法也还存在一定的分歧,有的认为其出自回鹘,有的认为其出自铁勒的仆固、同罗部,有的认为其出自大月氏,有的认为其出自突厥。目前多数学者认为,沙陀人是西突厥处月部的后裔,只不过在其发展和迁徙的过程中,曾大量融入其他民族的成分而已。

沙陀人最初居住在今新疆东部,史书称其居住区在"蒲类之东",但这里的"蒲类"是指位于今新疆奇台县东南的古代蒲类县,还是指在今巴里坤哈萨克自治县西的巴里坤湖,即古代的"蒲类海",还无法确定。因为其居住区内有大戈壁,称为沙陀,因而他们被称为沙陀人。

安史之乱后,唐王朝在西域的势力衰落,发源于青藏高原的吐蕃政权的势力进入西域,与回鹘人相角逐。沙陀人夹在此两大政治势力之间,曾经依附过回鹘人,也曾经投靠过吐蕃政权。808年,沙陀人为摆脱吐蕃人的控制和压榨,东迁投奔唐朝的灵盐节度使范希朝。范希朝最初将沙陀人安置在盐州,后来沙陀人又逐渐东迁,进入今山西省北部地区。

此后,沙陀族的骑兵经常受唐王朝的征调,进入中原地区作战。唐懿宗时,沙陀人的首领赤心率骑兵协助唐朝镇压庞勋起义有功,被授予大同军节度使,并赐姓李、名国昌。沙陀族由此逐渐在中原地区的政治舞台上占据了越来越重要的地位。876年,在李国昌之子李克用作为沙陀人的首领期间,沙陀人占据了云州(今山西大同),这里从此成为沙陀政权的根据地。后来因为镇压黄巢起义有功,李克用被唐朝任命为河东节度使。

唐朝灭亡以后,黄河流域先后存在过5个统治时间不长的朝代,分别是梁、唐、晋、汉、周,为了将之与此前的同名朝代相区分,习惯上称之为后梁、后唐、后晋、后汉、后周,合称"五代"。因同一时期南方还存在过10个割据政权,所以这一历史时期被称为五代十国时期。

在朱温篡夺唐王朝的政权建立后梁之后,李克用即割据河东与后梁对峙。至923年，李克用的儿子李存勖灭亡后梁，建立了后唐（923—936年）。除后唐以外，后晋（936—947年）、后汉（947—950年）的建立者也都出自沙陀族。

需要指出的是，沙陀人中包含比较多的粟特人血统。有人认为，建立后晋的石敬瑭，其祖先可能就是粟特人，应与中亚昭武九姓中的石国有关。

石敬瑭在历史上之所以闻名，是因为他为了获得契丹人的支持，曾经认契丹之主耶律德光为“父”，成为“儿皇帝”。当时石敬瑭45岁，耶律德光却只有35岁，石敬瑭这个“儿”竟然比耶律德光这个“父”大了10岁。

耶律德光举行仪式，正式册立石敬瑭为大晋皇帝。而在即位的当天，石敬瑭就下令将幽、蓟、瀛、莫、涿、檀、顺、新、妫、儒、武、云、应、寰、朔、蔚16州割让给契丹，并答应以后每年向契丹进贡绢帛30万匹。石敬瑭割让给契丹的16州，其中以幽、云二州最为重要，因此史称“幽云十六州”，也称“燕云十六州”。

表5-3　燕云十六州今地名

州名	今地	州名	今地	州名	今地	州名	今地
幽州	今北京	顺州	今北京顺义	儒州	今北京延庆	蔚州	今河北蔚县
檀州	今北京密云	蓟州	今河北蓟县	涿州	今河北涿州	朔州	今山西朔州
瀛州	今河北河间	莫州	今河北任丘北	新州	今河北涿鹿	武州	今河北宣化
妫州	今河北怀来	应州	今山西应县	云州	今山西大同	寰州	今山西朔州东

此后，契丹人开始进入今河北、山西的北部地区，契丹人控制下的奚、室韦、渤海等族，也有一定数量的人口迁入上述地区，使这一地区开始经历少数民族化的过程。

燕云十六州割让给契丹之后，中原门户洞开、无险可守，燕云地区发达的农耕经济以及数量远大于草原民族的人口，也极大地增加了契丹政权的国力。从此直至北宋，契丹能够在与中原政权的对峙中一直处于优势地位，据有燕云十六州应该说是重要原因之一。

早在唐初，发源于今青海省东南部黄河流域的一支羌人，就已经开始了其缓慢但持久的迁徙。后来突厥等族称这一支羌人为“唐古特”(Tangut),吐蕃人称他们为“弥药”(Minyag),而汉文史籍中则称他们为党项羌。其最初的居住地在今青海省东南部黄河上游和四川松潘以西的山谷地带,向西可能包括今新疆东部的部分地区。由于受到来自青藏高原的吐蕃人的侵逼,自唐代贞观年间开始,直到安史之乱以前,党项羌一直在向东北方向迁徙,其故地则被吐蕃占据。内迁的党项族大多分散居住于唐朝陇右道北部的洮、秦、临等州,和关内道的庆、灵、夏、银、胜等州。

“安史之乱”爆发后,内徙的党项族又一次进行大规模迁徙,此后主要分布于唐代的庆(今甘肃庆阳县)、夏(今陕西横山县西)、盐(今宁夏盐池县北)、灵(今宁夏灵武县西南)、银(今陕西米脂县西北)、绥(今陕西绥德县)、延(今陕西延安市)等州,还有部分党项人曾东渡黄河进入石州(今山西省离石县)。

881年,党项族首领拓跋思恭协助唐王朝镇压黄巢起义有功,被任命为夏州定难军节度使,统辖夏、绥、银、宥(今陕西靖边县西)、静(今陕西省米脂县境)五州之地。后来又封夏国公,赐姓李。党项族从此成为西北地区一支不容忽视的力量。历五代至北宋,党项族一直臣属于中原王朝。1038年,党项族的首领李元昊称帝,国号大夏,定都兴庆府(今宁夏银川东南),由于在宋朝的西部,史称西夏。其疆域大体包括今宁夏、甘肃西北部、青海东北部、内蒙古以及陕西北部的部分地区。在1227年为蒙古所灭以前,西夏先是与辽、北宋对峙,后是与金、南宋并立,是此时期中国境内重要的地方王朝。

除草原民族向燕云地区的迁徙之外,在契丹人统治下,还有一次大规模移民值得一提,这就是契丹人对渤海人的强制性迁徙。

698年,靺鞨族联合高句丽遗民、汉人,在靺鞨故地建立起肃慎族系历史上第一个地方民族政权,国号为“振国”。后因其首领被唐王朝册封为忽汗州都督、渤海郡王,其政权改称“渤海国”。渤海国极盛时期,辖地包括今吉林省的绝大部分地区、黑龙江省大部分和辽宁省的部分地区,以及俄罗斯的滨海地区和朝鲜的咸境北道、咸境南道、两江道、慈江道、平安北道、平安南道。在上述地域内,渤海国设有5京、15

府、62州,其都城上京龙泉府在今黑龙江省宁安县东京城。

926年契丹灭亡渤海后,以其地置东丹国,一部分渤海遗民仍留居原地,另有相当部分被强制迁徙至燕、辽东和契丹故地,此后辽东半岛才成为渤海人的主要分布区。由于契丹人对渤海人的迁徙是整州县的搬迁,因此,许多原渤海国州县的名称也被移民带到了辽东半岛,而其在牡丹江流域及其以东地区的原居住地,却大多荒芜了。直到民国以后,当地的发展水平才超过了渤海国时期。

5.3 靖康之乱后的移民潮

东北东部地区一直是肃慎族系各部活动的地域,两汉时的挹娄、南北朝时的勿吉、隋唐时的靺鞨,都属于这一族群。唐代立国于牡丹江流域的渤海人即出自靺鞨。渤海人被辽王朝强制迁徙之后,活动在其北方黑龙江流域的黑水靺鞨逐渐强大,发展出生女真各部。1115年,生女真的完颜部建立了金朝,仅用了短短的10年时间,金朝就灭亡了其原来的宗主国辽朝,并在1127年灭亡北宋。西夏和朝鲜半岛上的高丽政权都向金朝称臣,金朝成为控制中国北方的强大王朝。

1127年,女真人将宋徽宗、宋钦宗俘虏北迁,这标志着北宋王朝的正式覆灭,因为这一年是北宋的靖康二年,史称"靖康之变"。同年,宋徽宗的儿子赵构在南京(今河南商丘县南)即位,此后的宋王朝被称为南宋,赵构就是南宋的开国皇帝宋高宗。

南宋绍兴十年(1140年),金宋议和:南宋向金称臣,金册立赵构为皇帝;双方东以淮河中流、西以大散关(在今陕西宝鸡西南)为界,以南属宋,以北属金;南宋每年向金纳贡银25万两、绢25万匹。史称《绍兴和议》。

为躲避女真人的杀掠,在签《绍兴和议》之前的短短的十几年时间里,就有大约500万北方居民逃往南方,形成中国历史上规模最大的一次南迁浪潮。由于这也是距我们今天最近的一次北方居民的大规模南迁,因此可以说,是这次迁徙浪潮最终确定了今天中国的区域格局。

《绍兴和约》签订前移民遍及南方绝大部分地区，可以说绝大部分府州都有移民。即使地处边疆、各族人民交错居住的广西路缘边13府州也都有移民。江南、江西、福建、淮南、荆襄和四川北部以及今之陕南、陇南等地区差不多县县都有移民，某些位置偏僻交通不便的山区也不例外。

吴松弟《中国移民史》第4卷

据吴松弟先生分析，此次移民所走路线与安史之乱后的移民大体相同，也是分为东、中、西3条路线。东路主要是自淮北进入淮南，然后再进入长江以南今江苏和安徽省的南部，浙江、江西、福建和广东；中路主要是从河南进入湖北、湖南，再进入广东、广西；西路或是从北面翻越秦岭，或是自东方溯汉水进入汉水谷地，再翻越大巴山进入今四川。

自北宋时南方的经济发展水平已经超过了北方，此次大规模移民无疑更加强了南方的经济优势，从此，南北方经济差距在逐渐拉大。

除南下之外，北方人民也有一些迁往其他地方以躲避战乱，另一种比较重要的移民形式就是被女真人强制性地迁往其兴起的东北中部地区。

在女真人兴起之初，就已经存在移民“实内地”的政策，而所谓“内地”，就是其初期都城上京（今黑龙江省阿城市白城）附近的“金源”地区。女真人在对外征服过程中，也一直在俘掠各族人民，强制性迁往“金源”地区，以发展当地的生产，其中规模最大的一次是对燕京居民的迁徙。

北宋曾经与女真相约夹攻灭辽，但由于宋军的孱弱，辽朝疆域基本都为女真所攻占，包括金朝曾承诺允许宋朝收回的燕云十六州在内。当北宋要求金朝割让燕云十六州时，金朝方面要求北宋对其代为攻克燕云作出补偿，最后商定，宋朝收复燕云十六州的领土，但燕京城内的金帛子女皆归金朝所有，因此金朝强制燕京的所有居民迁往东北，宋朝方面实际上只是收回了一座空城。可是，当移民队伍行进至今辽宁锦州附近时,发生了张觉之乱,结果这批移民大多逃散,真正迁居东北的并不多。

女真对汉族的强制性移民,最典型的是在灭宋之后对汴梁居民的大规模北迁。据《宋俘记》记载:"天会四年十一月二十五日,既平赵宋,俘其妻孥三千余人,宗室男妇四千余人,贵戚男妇五千余人,诸色目三千余人,教坊三千余人,都由开封府列册津送,诸可考索。入寨后丧逸二千人,遣释二千人,廑行万四千人。北行之际,分道分期,逮至燕云,男十存四,妇十存七。"这批移民以宋朝的宗室贵戚为主,共 14000 人,分 7 批北迁,但才走到燕云地区时,就已经是"男十存四,妇十存七"了,减员非常严重,真正迁入东北腹地的也不太多。

总体来看,女真人向东北地区进行的强制性移民效果并不好,一方面是移民不愿意前往当时比较落后的东北中部地区,往往想方设法逃走;另一方面是女真统治者管理不善,迁入东北的移民待遇极差,加之不适应东北冬季严寒的气候,水土不服,因而死亡率极高。

辽金两代,真正对东北地区的开发起过积极作用的汉族移民,大多是自愿迁往东北的中原农民。早在契丹建国以前,就已经有一定数量的汉人进入契丹人的分布区。耶律阿保机接受韩延徽的建议,将这些汉人组织起来,从事农业生产,为契丹统治者服务,后来,耶律阿保机管辖下的汉人居住区甚至出现了"汉城"。

在辽代,仍不断有中原地区的汉族农民北上进入奚人的分布区,租种奚人的土地。1089 年出使辽朝的北宋著名文学家苏辙还曾见到过这些汉人,他在《出山》诗中吟道:"汉人何年被流徙,衣服渐变存语言。力耕分获世为客,赋役稀少聊偷安。汉奚单弱契丹横,目视汉使心凄然。"辽代的《贾师训墓志铭》中还提到,"自松亭已北,距黄河,其间泽、利、潭、榆、松山、北安数州千里之地,皆雹壤也,汉民杂居者半","辽东旧为渤海之国,自汉民更居者众,讫今数世无患"。可见,不论是辽东还是辽西,汉人所占比重都非常大。

金代中原汉族移民北上者更多,不仅广布于今辽宁境内,还逐渐进入今吉林省境内,甚至是更北的地区。

在金朝初年，有一位僧人被女真人俘掠到金上京，在元宵节这一天以长杆张灯，欢度佳节。金太宗见了非常吃惊，以为是星星。身旁的侍者解释说这是上元节的习俗，金太宗仍然有疑虑，认为僧人张灯是作为联络暗号，要聚众造反，下令将这位僧人杀了。数年以后，女真人到了燕京地区，才了解上元张灯的习俗，很快接受并喜爱上了这个节日。

韩世明《辽金生活掠影》

金代在中原汉族北上，进入东北地区的同时，也有大量女真人迁居中原地区。金代女真人向中原地区的大规模迁徙一共有4次：第一次是在金军南下灭北宋之后，由于占据了黄河流域的大片土地，在各主要城镇，金朝都留派了一定数量的守军，而这些守军大多是女真人，或者是与女真人同样来自东北地区的契丹人、奚人和渤海人；第二次是在1133年前后，由政府有计划地组织东北地区的女真人成村屯地迁入中原地区，以加强金朝对新征服地区的控制；第三次大约是在1138—1141年之间，迁徙的方式和目的都与第二阶段类似；最后一次是在海陵王在位期间，在其组织南伐宋朝之前。

经过上述4次大规模迁徙，至金代中期，至少有200万以上的女真人居住在中原各地。由于与汉族杂居，这些女真人在金中期以后就开始了迅速的汉化过程。到金朝被蒙古人灭亡时，这些女真人在各个方面都与中原汉人不存在明显差别了，因此，元代统治者就将中原地区的女真人列为“汉人八种”之一，此后他们也就完全融入汉族之中了。

金代还有相当数量的北方各族随女真人一同南迁中原地区。《三朝北盟会编》卷99引范仲熊《北记》：“丙午岁(1126年)十一月，粘罕陷怀州，杀霍安国，范仲熊贷命令往郑州养济。途中与燕人同行，因问：‘此中来者是几国人？共有多少兵马？’其番人答言：‘此中随国相来者，有鞑靼家、有奚家、有黑水家、有小葫芦家、有契丹家、有党项家、有黠戛斯家、有火石家、有回鹘家、有室韦家、有汉儿家,共不得见数目。'"但是,南迁数量较多的应为契丹、奚和渤海三族。

女真人对辽王朝的征服,也导致了契丹人及漠北草原民族的一次大规模西迁。

在辽朝灭亡前后,辽太祖耶律阿保机的八世孙耶律大石,在与金兵作战时被俘,后来逃往漠北草原。耶律大石是文武双全的人物,据称他在辽朝曾任翰林承旨,契丹语把翰林称为林牙,所以人们也称他为大石林牙,或林牙大石。

据《辽史》记载,耶律大石驻扎在漠北的可敦城的时候,辖有"七州十八部",7 州分别是:威武州、崇德州、会蕃州、新州、大林州、紫河州、驼州;18 部分别是:大黄室韦部、敌剌部、王纪剌部、茶赤剌部、也喜部、鼻古德部、尼剌部、达剌乖部、达密里部、密儿纪部、合主部、乌古里部、阻卜部、普速完部、唐古部、忽母斯部、奚的部、纠而毕部。其所控制的地区,大体而言,东起大兴安岭西麓,西至阿尔泰山附近。

耶律大石本来是想以漠北草原为根据地,积蓄力量,再与女真人决战。然而他最终认识到,依靠漠北诸部的力量是不可能战胜女真人的,当女真人准备向漠北发起进攻的时候,耶律大石断然决定,不与女真人作战,而是率部西迁了。由上述 18 部的情况分析,学者们一般认为,随耶律大石西迁的不仅仅是契丹人,而是几乎包括漠北草原的所有民族,可能也包括大量蒙古人的先世。

《世界征服者史》中有对契丹西迁的记载:"他们把他们的王公和首领称为菊儿汗,即众汗之汗。当他离开契丹时,他由八十名他的家人和部下陪同,尽管据另一说法,他是由一支极庞大的部属随同。他们抵达吉利吉思国,向该地区部落发动进攻,后者也反过来袭扰契丹人。他们从那里征进,直到他们来到叶密立,在这里他们建筑了一座其基址至今尚存的城市。这儿有很多突厥人和部落大量集合在菊儿汗身边，以致他们达到四万户。但他们在这里也不能停留，因此他们继续前进，到达蒙古人现在称之为虎思八里的八剌撒浑。……听说菊儿汗及其部下的移居，以及他们人多，他向他们遣出使者，把自己的软弱、康里人和哈剌鲁人的强大和奸诈告诉他，并请求他到他的都城去……菊儿汗进抵八剌撒浑，登上那不费他分文的宝座。"

在率部远迁中亚地区以后，耶律大石于1132年在叶密立城称帝，号菊儿汗，中国史书称之为西辽，穆斯林和西方史籍称之为哈剌契丹（Qara-Khitay）。西辽先后吞并高昌回鹘、东西喀喇汗王朝以及花剌子模，成为中亚强国，将伊斯兰塞尔柱王朝的势力逐出河中地区，并控制了其原有属国。

西辽定都巴拉沙衮（今吉尔吉斯斯坦的托克马克），其直辖领地南至锡尔河上游，西至塔剌思，东至巴儿思罕，北至伊犁河。其附属国有东部喀喇汗王朝、西部喀喇汗王朝、高昌回鹘汗国、花剌子模，还有粘拔恩部、康里部、葛逻禄部等附属部落。西辽对其属国仍然实行有中国特色的羁縻政策，属国享有相当大的自主权，有自己的军队，西辽只是派出官员定期巡驻。

西辽也是多民族政权，其境内曾通用汉字、契丹字、回鹘字、波斯字、阿拉伯文、希腊文等多种文字。西迁的契丹人已深受汉文化的影响，因此，西辽时期，汉文化对中亚、新疆一带的影响得到加强。有的学者认为："汉文化对中亚的影响，五代之后的确曾一度减少，但在西辽时期却是汉、唐之后的又一高峰。"西辽统治中亚的94年是中亚历史上一个极其重要的时期，其影响波及中亚各族与伊斯兰诸国，使"契丹"一词成为中亚各族和穆斯林世界对中国北部的称谓。

6 蒙古西征与四大汗国

鲜卑族群外迁之后，在鲜卑人从前生活的地区，逐渐兴起了 3 个新的族群：契丹、奚和室韦。古代中原地区的史家一般认为，这 3 支族群都是鲜卑人的后裔，或者从狭义上讲，都是宇文鲜卑的后裔。活动于南部的是奚与后来建立辽王朝的契丹，活动于北方大兴安岭两麓的是室韦。据法国学者伯希和推测，室韦就是鲜卑的同词异译。

以大兴安岭为中心，室韦族群在缓慢地发展壮大，其分布地区也越来越广。至隋代，室韦人发展成为 5 大集团，南室韦、北室韦、钵室韦、深末怛室韦、大室韦。每个集团内部又包括若干个部落，例如，南室韦内部就可以分为 25 个部落。至唐代，室韦人则进一步分化为岭西室韦、山北室韦、黄头室韦、大如者室韦、小如者室韦、婆莴室韦、讷北支室韦等 9 个部分，唐王朝为管辖室韦诸部而设立室韦都督府。后来，室韦人的一支蒙兀室韦，最终发展成为令世界为之震撼的蒙古人。

6.1 蒙古三次西征

可能从很早的时候开始，蒙古人的祖先就已经开始了西迁。《蒙古秘史》开篇就写道："成吉思可汗的先世，是奉上天之命而生的孛儿帖·赤那，他的妻子是豁埃·马兰勒，他们渡海而来，在斡难河源头的不峏罕山前住下。"这里所说的海，当然是指湖，斡难河就是今天的鄂嫩河，不峏罕山就是今天蒙古国境内的大肯特山脉。孛儿帖·赤那的意思是苍色的狼，豁埃·马兰勒的意思是美丽的鹿，或惨白色的鹿，传说蒙古人的祖先是由苍色的狼和惨白色的鹿结合而生，就是出于此。但更为可能的是，这只是蒙古人世代口碑传说中两个人的名字而已。值得我们注意的是，他们已经西迁到鄂嫩河源一带的大肯特山附近了。

以孛儿帖·赤那为始祖，《蒙古秘史》还记载了成吉思汗的历代祖先：

(1)孛儿帖·赤那—(2)巴塔·赤罕—(3)塔马察—(4)豁里察儿·篾儿干—(5)阿兀站·孛罗温勒—(6)撒里·合察兀—(7)也客·你敦—(8)挦锁赤—(9)合儿出—(10)孛儿只吉歹·篾儿干—(11)脱罗豁勒真·伯颜—(12)朵奔·篾儿干—(13)孛端察儿—(14)合必赤·把阿秃儿—(15)篾年·土敦—(16)合赤·曲鲁克—(17)海都—(18)伯升豁儿·多黑申—(19)屯必乃·薛禅—(20)合不勒汗—(21)把儿坛·把阿秃儿—(22)也速该·把阿秃儿—(23)成吉思汗

如果这种记载可靠的话，从始祖孛儿帖·赤那至成吉思汗，共历23代人，仅以每代20年计算，前后也经历了4个半世纪之久，从成吉思汗的时代上溯4个半世纪，说明孛儿帖·赤那很可能是公元8世纪初的人。那时，控制蒙古草原的还是回鹘人的汗国，也就是说，当蒙古人的祖先最初开始西迁的时候，他们所面对的主要还是说突厥语的民族。

波斯史家拉施特在《史集》一书中记载了这样一个传说："大约距今两千年前，古代被称为蒙古的那个部落，与另一些突厥部落发生了内讧，终于引起战争。""另一些部落战胜了蒙古人，对他们进行了大屠杀使他们只剩下两男两女。这两家人害怕敌人，逃到了一处人迹罕至的地方……这个地方名叫额儿古涅－昆。"其所记载的时间肯定是不可信的，但这个传说中称蒙古人最初与突厥部落发生了冲突，并受到突厥部落的残杀，却很可能是对蒙古人早期历史的模糊记忆。毕竟在蒙古人的祖先开始西迁的时候，草原上的霸主还是说突厥语的民族。无独有偶的是，在蒙古族的民间传说中，也流传着与拉施特的记载类似的传说，只不过在民间故事中，逃过突厥人屠杀的是7个人，而不是《史集》一书所说的两男两女。

可以肯定的是，至公元11世纪中叶，蒙古人已经游牧于鄂嫩河、克鲁伦河、土拉河这三河之源了。只不过此时的蒙古部落还比较弱小，并不是草原上有影响力的部落。而在蒙古部落的周围，分布着一些力量比蒙古人还要强大的部落，如，东边游牧在呼伦、贝尔两湖周围的塔塔儿部，西边占据回鹘汗庭故地的克烈部，以及更西边的乃蛮部，还有靠近阴山的汪古部，北边贝加尔湖东岸色楞格河流域的蔑儿乞部，以及贝加尔湖以西、叶尼塞河上源的斡亦剌部。到了12世纪，蒙古部落势力有了一定的发展，逐渐分化成不同的部落集团，其中比较著名的是乞颜、札答兰、泰赤乌、弘吉剌、兀良合等部。

辽金两代，草原民族都是隶属于辽金的，只不过现存的《辽史》、《金史》都是在蒙古族建立的元朝时编写的，所以对于蒙古人曾经隶属于辽金的这一段历史讳莫如深，不肯详加记载，因此，关于这一时期蒙古草原各部落的情况，历史学家们能弄清楚的并不多。

成吉思汗的曾祖父合不勒汗可能是第一个称可汗的蒙古人首领。《蒙古秘史》称他"统辖了全部蒙古"，不是指全部蒙古草原，而是指当时被称为蒙古的各个部落。合不勒汗虽然有7个儿子，但是根据他的遗命，在其去世后，由俺巴孩汗即位为蒙古人的首领。俺巴孩汗与合不勒汗同是海都的曾孙，两人是叔伯兄弟。

此时蒙古人隶属于女真人建立的金朝，可能是发现俺巴孩汗有不服从金朝统治的倾向，金朝在一次偶然的机会中擒获俺巴孩汗，并将之残酷地处死。此后，蒙古各部处于群龙无首的状态。

俺巴孩在送女儿出嫁的途中，被其对头塔塔儿人捉住，并将之送交金朝。金朝用残酷的"木驴"之刑杀害了俺巴孩汗。据《蒙古秘史》记载，俺巴孩汗临死前传话给儿子和族人说："我是万民的可汗，竟因为送自己的女儿，被塔塔儿人擒拿。今后你们要以我为诫！你们就是把自己的五个手指甲磨掉，十个手指头都磨坏了，也要给我报仇！"后来，成吉思汗起兵攻金，就是以为俺巴孩汗复仇为名。

直到成吉思汗统一各部，蒙古部的势力才迅速发展，之后征服了蒙古草原的各个部落。此后，草原民族纷纷融入蒙古部落之中，一个新兴的强大民族蒙古族正式定型,草原也真正地成了“蒙古草原”。

在统一蒙古草原之后,成吉思汗马上开始了其对外的征服活动。因为南方的金朝、西夏尚拥有一定的实力,不是蒙古人短时间内所能征服的,成吉思汗一开始就将其外拓的矛头指向了西方。

在成吉思汗征服草原上的克烈部之后,其西方的乃蛮部就觉得成吉思汗的兴起对自己构成了威胁。乃蛮是一个信仰景教的突厥语部落,继承着突厥、回鹘的文化传统,是草原西部一个强大的部落。1204年,乃蛮部的首领太阳汗进兵杭海山(今蒙古国境内的杭爱山),接纳被成吉思汗打败的各部落残余势力,正式开始与成吉思汗对抗。双方大战于纳忽山崖,乃蛮的部队惨败,太阳汗重伤而死,其子屈出律逃往太阳汗兄长不欲鲁汗处。1206年,蒙古军又向不欲鲁汗驻地追击,不欲鲁汗战败,屈出律逃往契丹人建立的西辽。

西辽的君主直鲁古非常信任屈出律,还将女儿嫁给了他。与此同时,乃蛮以及其他一些草原部落的残余也纷纷迁入西辽控制区,屈出律招集残部,后来篡夺了西辽的政权,但他尊直鲁古为“太上皇”,也没有改变“辽”这一国号。

西辽的统治民族契丹人信奉佛教,但是他们并不干涉当地的突厥语各族信仰伊斯兰教。屈出律娶契丹公主之后,受其影响,由景教改信佛教。在屈出律统治期间,他一改契丹人的做法,对境内的伊斯兰教采取了打压、迫害的态度。因此,当蒙古军于1218年在大将哲别的率领下向西辽发起进攻时,西辽的穆斯林对蒙古军的到来几乎是持欢迎态度的。屈出律的统治迅速崩溃,他本人也被蒙古人杀死,西辽灭亡。后来,当地的乃蛮人融到哈萨克人之中。

在灭亡西辽之后,蒙古人开始与中亚新兴起的突厥强国花剌子模相邻。

大约是在1215年,有3位花剌子模国的商人,带着锦缎、素白棉布和彩色印花棉布等蒙古族缺少的商品,来见成吉思汗。其中1个商人漫天要价,价值10~20底纳儿的货物,他竟然要价2~3个金巴里失,而1个金巴里失折合2000底纳儿。成吉思汗大怒道:“你以为从来没有过类似的货物进入我们这里是么?”将这个商人囚禁并没收了他的货物。另外2个商人一看事情不妙,谎称他们的货物都是要送给成吉思汗的。成吉思汗很高兴,高价买下了他们的货物。然后,成吉思汗派出了由450位穆斯林商人组成的商队,用500峰骆驼驮载着金、银、丝绸和皮毛等物前往花剌子模国进行贸易。

据《世界征服者史》记载,成吉思汗在给花剌子模君主摩诃末的信中写道:“与吾人领土接壤的地区已无敌人,而且已按吾人的愿望完全被征服和削平,因此吾人眼下有友邻之责。人类的智慧需要如此做;协调的途径应由双方遵循;友谊的责任应得到承担;吾人应有义务在不幸事故中相互支援和帮助;并且吾人应使常行的和荒废的道路平安开放,因之商人们可以安全地和无约束地来往。”

但是,当成吉思汗派出的商队走到花剌子模边地重镇讹答剌的时候,却被该城长官海儿汗诬为间谍,全部处死,并没收了他们的全部货物。成吉思汗遣使花剌子模,要求交出凶手。但是,海儿汗是花剌子模君主摩诃末母亲的侄儿,摩诃末不仅不肯交出凶手,反而杀了成吉思汗派出的使者,并将其两个随从拔光胡须遣送回去。成吉思汗认为这是奇耻大辱,因此决定亲自率部队西征。这是蒙古人的第一次西征,也称为成吉思汗西征。

在灭亡西辽以后,成吉思汗委任木华黎继续从事对金朝的战争,除了留少数部队镇守蒙古草原外,成吉思汗几乎是率领全部蒙古人的部队在1219年开始了西征。从征的还有部分新归附的畏兀儿、哈剌鲁、契丹以及汉军,但部队的总数不会超过20万人。

虽然也经历了几次败仗,有一定的损失,但整体而言,蒙古人的西征还是进行得比较顺利的。摩诃末仓皇西逃,最后避入里海中的小岛,并最终病死在那里。在临终前,他传位给长子,即后来以英勇出名的札兰丁。

也是在这次西征中，蒙古人的残忍给伊斯兰世界留下了深刻的印象。几乎在所有遇到抵抗的地方，蒙古人都采取了屠城的政策。除了工匠被俘掠送回蒙古之外，被俘的或投降的青壮年要么被杀，要么被组织成攻城的敢死队，死于新的战场。多处中亚古老的文明中心受到毁灭性破坏，许多城市从此变成了死城。有学者估计，在此次蒙古西征中，大约有多达200万人被杀。最终，当成吉思汗采纳花剌子模人牙剌瓦赤、马思忽惕父子关于城邑管理体制的意见，并任命他们来管理新征服的城邑时，所造成的破坏已经是无法恢复的了。

札兰丁作为花剌子模的末代君主，虽然英勇善战，顽强支撑，但也无力挽回败局，最终不得不逃亡印度。

据《世界征服者史》记载，札兰丁被成吉思汗的部队追击于印度河畔，最终全军覆没。札兰丁在经过英勇奋战之后，带着一把刀、一支矛和一面盾牌，乘马由悬崖跃入水中，泅渡到了对岸。见此情景，"所有蒙古人都吃惊地以手捂嘴"，成吉思汗阻拦了想跃马入河追击的蒙古军，感慨地对儿子们说："为父者应有这样的儿子！因逃脱水和火的双旋涡，他将是无数伟绩和无穷风波的创造者。一个俊杰焉能不重视他？"

成吉思汗在灭亡花剌子模之后，于1223年正式班师。但不知道是不是因为担心新征服的地区出现反叛，蒙古军在撤退的途中行进非常缓慢。1223年的冬天，他们驻扎在撒马尔罕一带过冬；1224年的夏天，他们又驻扎在也儿的失河流域度夏；直到1225年初，他们才最终返回漠北草原。

成吉思汗的西征，在前后5年多的时间里，灭亡花剌子模，占领了北起咸海、锡尔河下游，南近波斯湾，东自帕米尔，西到札格罗斯山的广大地区，包括今天的阿富汗、伊朗两国，以及土库曼、乌兹别克、塔吉克等国的全部或部分地区。但是，此次西征除了造成难民四散的迁徙外，基本没有造成蒙古人的西迁，战后蒙古军也大多撤回了蒙古草原。

但正如学者们已经指出的，成吉思汗此次西征，不仅要灭掉新兴蒙古汗国西方的强劲对手花剌子模，而且也在为蒙古人征服更为遥远的西方作准备。成吉思汗派哲别、速不台率一支部队，自花剌子模继续西进，去了解那些蒙古人从未涉足过的地域的情况。成吉思汗与他们相约，不论打到哪里，不论那些陌生的地区形势如何，希望他们可以在3年之内赶回花剌子模与大军会合。

哲别、速不台所率的蒙古军队就此踏上了更西的征程，没有后续部队，没有后勤补给，他们甚至对于他们所去的地方几乎一无所知，可能只有蒙古人才会在这样的情况下派出远征军。应该说，这次行军本身就是一个奇迹，他们不仅成功地在3年之后返回，而且打通了高加索，横扫了钦察草原，并击溃了南俄各邦的联军，3年转战达5000公里，最终将关于东欧的知识带给了蒙古决策者，为蒙古第二次西征打下了基础。

西征回来后的第二年，成吉思汗就亲自率部队南下，开始了蒙古人对西夏的第六次征讨。1227年8月25日，成吉思汗在亲征西夏的途中，病死于今甘肃省清水县境内，享年66岁，在位22年。其三子窝阔台继任蒙古大汗。此后，蒙古军在南线战场上取得了一系列辉煌的胜利，于1227年灭亡西夏，于1234年灭金，中国境内唯一没有被蒙古人征服的王朝就只有南宋了。于是，在1234年，大汗窝阔台开始考虑再一次进行西征的问题。

1235年，在窝阔台主持的蒙古王公的忽里勒台大会中，作出了第二次西征的决定。诸蒙古宗王约定，各支宗王都要派自己的长子率部队参加西征，凡是有领地的诸王和万户、千户、驸马等，也都要派出长子率部队从征。因此，《蒙古秘史》一书称此次西征为“长子西征”。

据《蒙古秘史》记载，派长子出征是察合台的主意，因为“那边的敌人有许多国家，对方是很刚硬的百姓。听说是发起怒来能用自己的兵刃，砍死自己的百姓。”“若叫长子出征，则出征的军队必多。军队一多，就更有威力，易于前进。”窝阔台汗接受了这个建议，颁下命令：“这次出征，凡掌管邦国的宗王，要从他们诸子之中，派长子出征。不掌管邦国的宗王们、各万户、千户、百户、十夫长等，无论何人，都要派他们的长子出征。公主、驸马们也要按这规则，遣其长子出征。”

参加西征的重要将领有窝阔台大汗的长子贵由、成吉思汗幼子拖雷的长子蒙哥，由于成吉思汗次子察合台的长子木秃坚已经在第一次西征中战死，故由其长孙不里率军出征。原计划由成吉思汗长子术赤的长子斡儿答担任全军的统帅，但斡儿答认为自己的能力不及拔都，因此改由术赤的次子拔都担任总帅，因而此次西征也被称为“拔都西征”。

此次西征的主将，正是曾随成吉思汗西征并远征欧洲的速不台，由此我们也可以看出，此次西征的主要目标就是速不台曾经用武力侦察过的钦察和南俄草原。

1236 年，西征蒙古部队在保加尔边境地带完成了集结，开始西征。此次西征大体可以分为三个阶段。第一阶段，蒙古军征服了保加尔和钦察，为下一步全面征服斡罗斯扫清了障碍；第二阶段，是此次西征的主要内容，先北后南，征服了全部斡罗斯；第三阶段，是向斡罗斯以西的今波兰、匈牙利一带发起进攻。

很快，到 1237 年，蒙古人就已经扫平保加尔和钦察，占领了伏尔加河流域的大部分地区，并开始向北斡罗斯发起进攻。自 1237 年底到 1238 年初，在经过梁赞战役、弗拉基米尔战役和科集尔斯克战役之后，蒙古人基本平定了北斡罗斯。但是蒙古远征军也付出了一定的代价，在进攻梁赞的过程中，亲王阔列坚战死；在科集尔斯克战役中，蒙古军伤亡很大，甚至有 3 位万户战死。而作为报复，蒙古军在攻克当地的城池之后，也总是要进行屠城的。

自 1239 年初到 1241 年初，在经过基辅战役和加里西亚战役之后，蒙古军又占领了整个南斡罗斯。攻克基辅城，是蒙古西征中非常著名的一次攻坚战，西征军的主要将领几乎都参加了此次战役。据说，在战斗开始前，后来曾继任蒙古大汗的蒙哥，在高处久久地凝视着这座城市，震惊于它的美丽与宏大，不想毁掉它，因而蒙古人派出使者劝降。只是在使者被杀之后，蒙古人才展开了攻城战，用大炮轰开了一段城墙，攻克并血洗了基辅城。

在占领基辅之后，蒙古军继续向西前进，冲入加里西亚公国，攻占其首都弗拉基米尔－沃伦，然后兵分两路，一路向南进攻加利奇，一路向西北进攻霍尔姆。至1241年初，随着这两座城市的陷落，斡罗斯和乌克兰的重要城镇基本都为蒙古西征军所控制。据说，在占领南斡罗斯之后，蒙古人还与威尼斯人建立起了贸易关系，并通过威尼斯人来刺探欧洲各国的情况。

在加里西亚战役后，蒙古军进行了一段时间的休整，然后在1242年春分三路继续西进。中路军由拔都、速不台率领，直取马扎尔（今匈牙利）都城佩斯；右翼军进攻孛烈儿（今波兰）；左翼军绕过喀尔巴阡山脉，从东南发起进攻。蒙古军很快就攻克了佩斯城（今匈牙利布达佩斯市附近），横扫波兰、匈牙利。在这一过程中，蒙古军还打败了波兰、日耳曼和条顿骑士团的联军。

蒙古人此次西征，又一次引发了东欧难民的大规模西迁。在蒙古军征服斡罗斯的过程中，就已经有大量难民涌入今波兰、匈牙利一带。事实上，蒙古人进攻匈牙利的借口就是，匈牙利收留了蒙古人的敌人——自南俄草原率部撤入匈牙利境内的钦察人首领忽摊汗。当蒙古兵临佩斯城下的时候，马扎尔人甚至认为，前来避难的钦察人引来了蒙古人的进攻，因而拘捕了钦察人的首领忽摊汗，从而导致了钦察人与马扎尔人之间的内乱与仇杀，削弱了对抗蒙古人的有生力量。

当蒙古军进入波兰、匈牙利之后，特别是蒙古军打败东欧君主的联军之后，当地居民大量西逃，蒙古军的强横和残忍，被这些西迁的移民所夸大，并迅速传遍了整个欧洲，全欧洲为之震动。1245年，教皇英诺森四世在法国里昂召集全欧主教大会，商讨如何对付蒙古人的入侵。从波兰、匈牙利逃回的方济各会和多明我会的修士报告，蒙古部队中有许多基督徒，因此，英诺森四世决定派方济各会修士约翰·柏朗嘉宾出使蒙古,劝他们停止杀戮。

1245 年的复活节,已经 63 岁的柏朗嘉宾自法国里昂出发,于 1246 年 4 月 4 日,在伏尔加河下游晋见了拔都,并被拔都送去蒙古觐见大汗。当柏朗嘉宾抵达蒙古都城和林时,正值贵由汗即位,他在 8 月 24 日参加了贵由大汗的登基大典,但他的出使却未收到任何成效。新即位的贵由汗给教皇的回信,语气是极为傲慢的。

据史籍记载,由于考虑到欧洲没有人能够识读蒙古文,贵由汗给教皇的回信是用波斯语写成的。长期以来人们一直认为此信的原件已经失传了,研究者只能在卡尔皮尼的《蒙古史》一书中读到他用拉丁语译写的一些内容。直到 1920 年,梵蒂冈图书部主任蒂塞兰主教在教廷所藏档案中发现了一批极其珍贵的古老文件,都是用当时人所不认识的文字写成的,他将这些文件影印了几份,寄给几名著名的语言学家进行解读。令人意外的是,法国著名的东方学家伯希和(保罗·佩里奥,1878—1945 年)在其中发现了贵由汗给教皇的信。

贵由汗甚至在信中说:"如果你不遵守永恒的上天的命令,如果你不理睬我的命令,我就把你当做敌人。同样,我会让你明白这话的意思。你不按照我的命令做,其后果只有永恒的上天才知道了。"对教皇使用了充满威胁意味的言辞。

当蒙古军横扫波兰、匈牙利之时,似乎没有什么力量可以阻止他们进一步占领欧洲,但就在蒙古军挺进奥地利的维也纳时,传来了大汗窝阔台去世的消息。蒙古汗位例由蒙古王公的忽里勒台大会认定,对蒙古政治发挥着重要作用的诸王长子都在西征军中,因此,蒙古军不得不于 1242 年班师,第二次蒙古西征结束。

此次西征的重要结果是,为拔都建立蒙古四大汗国之一的钦察汗国(也称金帐汗国)奠定了基础。拔都在伏尔加河下游建萨莱城(今俄罗斯阿斯特拉罕附近),以此为中心,部分蒙古人留居在了南俄草原。

窝阔台之子贵由在继任大汗之后不久去世,成吉思汗幼子拖雷之子蒙哥成为新任大汗。由于在成吉思汗西征结束以后,花剌子模末代君主札兰丁自印度回到中亚,积极从事复国运动,并占据了许多地区,花剌子模大有复兴的趋势,因此,1251 年,在蒙哥主持的忽里勒台大会上,蒙古诸王决定发动第三次西征。这次西征由蒙哥汗的亲弟弟旭烈兀担任统帅,进攻的主要对象是西亚的伊斯兰世界,史称"旭烈兀西征"。

据说,在旭烈兀出征前,大汗蒙哥曾经对他说:"从阿姆河两岸到埃及尽头的土地,都要遵循成吉思汗的习惯和法令。对于顺从你命令的人要赐予恩惠,对于顽抗的人要让他们遭受屈辱。"但事实上,旭烈兀西征带给西亚各地的似乎没有恩惠,只有无止境的杀戮。

早已分崩离析的阿拉伯帝国阿拔斯王朝自然无法抵御势如破竹的蒙古军,至 1258 年,阿拔斯王朝的哈里发投降,巴格达陷落,标志着立国 500 余年、历经 37 位哈里发的阿拔斯王朝正式灭亡。在席卷了阿拔斯朝 500 年的积蓄之后,本着贵族不可以流血的原则,旭烈兀命令将投降的哈里发缝入口袋,驱马踏死。对阿拔斯王朝首都巴格达的屠城持续了一周,数十万人被杀。

蒙古军继续西进,灭掉了地中海东部的另一个伊斯兰教割据势力——阿尤布王朝。此后,蒙古部队也曾试图进入北非,沿着当年阿拉伯人西征的路线继续西征,但是,在叙利亚草原,他们遇到了来自埃及的马木路克政权的骑兵,蒙古骑兵第一次遇到了强劲的对手,经历了西征以来少有的惨败。至此,蒙古西征的浪潮才宣告停止,他们最终未能进入北非。

蒙古人结束第三次西征的另一个重要原因是,1259 年蒙哥汗在进攻南宋时去世,蒙古汗国再一次面临汗位继承的危机。旭烈兀的哥哥忽必烈和弟弟阿里不哥展开了对汗位的争夺。最开始,旭烈兀可能也觊觎过汗位,但他最终还是选择了支持忽必烈。在多数蒙古宗王支持阿里不哥的情况下,旭烈兀的公开支持令忽必烈十分高兴,他下旨宣布，将中亚阿姆河以西直至密昔儿（今埃及）边境的土地，和蒙古、大食军民全部都划归旭烈兀统治。后来，旭烈兀在此基础上建立了蒙古四大汗国之一的伊儿汗国，随其西征的蒙古人大多也都留在了西亚与中亚各地。学者们都认为，今天的伊朗人具有一定的蒙古人血统，甚至今伊朗语中还包含部分出自蒙古语的外来语词汇。可以毫不夸张地说，旭烈兀的西征，同时也是一次蒙古人的大规模西迁。

6.2 蒙古四大汗国

建立起蒙古汗国以后，成吉思汗按照蒙古人传统的分配财产的习惯，陆续将部分草原作为领地分封给子弟和功臣。可以说，成吉思汗的蒙古汗国是由大汗直接控制下的中央汗国和诸王封国构成的。这些封地，包括领地和百姓，名义上是大汗的领土，实际上受双重统辖。各位宗王的封地又被称为兀鲁思，也就是诸王的汗国，因此这种制度又被称为分封兀鲁思。由于封地的百姓成为诸王个人的私属，而原属诸王的部民也会随之前往新的封地，因此，随着征服地区的扩大，从蒙古人草原故地到新征服地区的移民潮随之产生。

最初，成吉思汗分封的对象主要是他的弟弟们：长弟哈撒儿的领地在额尔古纳河、呼伦河和海拉尔河一带；次弟合赤温的领地在东部，从哈剌沐涟河（潢河）直到女真海的长城边境；幼弟帖木格的领地在大汗国的东北角，今大兴安岭西麓、海拉尔河以南到哈拉哈河流域的大片地区；仅剩的异母弟别勒古台被封在斡难河和克鲁伦河一带，南面与合赤温为邻。由于这四位宗王的"兀鲁思"都在蒙古汗国王庭的东部，所以合称他们为"东道诸王"。

1225 年西征归来之后，成吉思汗开始分封诸子，由于诸子的封地都在汗国的西部，故称"西道诸王"。不同的是，"东道诸王"的领地后来一直在大汗的牢牢控制之下，甚至部分地区被划归行省，由蒙古人建立的元朝直接统治；而因西征使其领地不断扩大的"西道诸王"，却逐渐出现了相对独立的趋势。

起初，蒙古汗国西面的封国大致是按照成吉思汗儿子们的长幼顺序分布的：长子术赤的封地在最西边，用成吉思汗的话说，“从海押立和花剌子模开始，一直向西，只要是马蹄踏到的地方，都归于你”，因此在长子西征后，术赤之子拔都，在这一广阔区域内建立了钦察汗国（也称金帐汗国）。次子察合台的封地紧挨着术赤，从畏吾儿人的居住地开始，到中亚的撒马尔罕和不花剌，逐渐形成后来的察合台汗国。三子窝阔台封地的都城，开始设在叶密立，后来又迁到介于西辽和畏吾儿之间，窝阔台继承大汗之位后，这一领地由其子贵由继承，这就是窝阔台汗国。幼子拖雷的封地在最东面，按照蒙古人的风俗，幼子将来要继承父亲的遗产，所以实际上，拖雷的封地大致就是在王庭周围。因此历代大汗受到拖雷家族的影响和控制也就比较多，后来拖雷系能够取代窝阔台系成为蒙古大汗，大约也与此有关。

除了西征和分封之外，四大汗国的形成还与后来元朝实行的宗王镇戍制度有关。出镇的宗王以皇室成员的身份在某一地区代表朝廷行使权力，其权力明显超越于普通的诸王贵族，这使一些宗王趁机拥有了实际上处于几乎独立状态的领地。最典型的就是，元世祖忽必烈为了争取占据波斯、阿拉伯诸地的宗王旭烈兀的支持，把阿姆河以西地区授予旭烈兀镇戍，于是又产生了一个新的汗国——伊儿汗国。也正因为如此，成吉思汗的儿子术赤、察合台、窝阔台、拖雷四大家族才都有了自己的领地和百姓，钦察汗国（金帐汗国）、察合台汗国、窝阔台汗国、伊儿汗国，这也就是通常所说的蒙古四大汗国。

蒙古人财产继承的传统惯例是“幼子守灶”。父亲在世时，年长的子女在结婚后就分得一部分财产和牲畜，分出去居住。在父亲去世后，由正妻所生的最小的儿子继承财产，管理家务。幼子被称为“斡赤斤”，意为守灶者。成吉思汗的幼弟帖木格与母亲柯额伦共同分得一万人户，而且封地在成吉思汗家族的故地，代表他继承的是父亲的财产。在东道诸王中，身为“斡赤斤”的帖木格及其后裔领地横跨大兴安岭东西，势力最为强大，实际上成为东道诸王的首领，在窝阔台死

后还试图问鼎汗位，只不过没有成功罢了。

根据惯例，大汗死后，继位者必须经过宗亲、贵戚和勋臣参加的忽里勒台大会推举，大汗与臣属各自宣誓之后，才能算正式即位。在汗位空缺时期，先可汗的幼子“斡赤斤”可以以大斡鲁朵继承人的身份监国，并负责筹备召开忽里勒台大会。成吉思汗去世后，拖雷就曾以成吉思汗幼子的身份监国。

四大汗国表面上是蒙古汗庭的属国，但实际上关系错综复杂，内部斗争异常激烈。其中以窝阔台家族和拖雷家族的汗位之争最为典型，这场旷日持久历经三代人的争夺战，波及了包括四大汗国在内的整个蒙古帝国。

成吉思汗去世后，三子窝阔台继承汗位。1232 年，窝阔台突然身染重病，萨满说是因为多年的征伐，杀戮过重，冤鬼索命。表示愿意替死的拖雷，喝下萨满施过咒的一杯水，不久暴死。1241 年窝阔台死后，他的遗孀乃马真皇后于 1246 年召开忽里勒台大会，推举自己的儿子贵由为汗。但是，术赤之子拔都与贵由不和，拒不赴会。拔都是长支宗王的首领，由于他的缺席，选汗大会推迟了三年。1248 年，贵由以前往叶密立养病为由，率护卫军西行，实际是要讨伐拔都。值得庆幸的是，贵由在途中暴死于今新疆青河东南，这才避免了蒙古汗国和钦察汗国的一场大战。

贵由死后，拔都以长兄身份召集忽里勒台大会，推举拖雷之子蒙哥为大汗。1251 年，蒙哥即位，从此大蒙古帝国汗位由窝阔台家族转入拖雷家族。为打压异己，蒙哥将窝阔台汗国分成了许多小块，分别授予窝阔台的数个后裔，以分割其实力，短暂存在过的窝阔台汗国此时就已然瓦解了。

备受打压的窝阔台一系自然不甘心失败，在蒙哥和忽必烈在位期间，窝阔台的孙子禾忽和海都相继叛乱，用武力吞并大片土地，其中除了原属窝阔台汗国的封地外，他们还控制了察合台汗国。海都之乱持续了数十年，直到他的后裔察八儿投降了元朝。原为海都控制的广大地区被元朝和察合台汗国瓜分，部分原窝阔台汗国领土被并入岭北行省，窝阔台汗国正式在历史上消失。

察合台汗国的领土从畏兀儿人居住地一直延伸至河中草原地区，大帐设于阿力麻里（今新疆霍城西）附近的虎牙思。1260 年忽必烈即位后，曾将阿尔泰山至阿姆河之间划归察合台汗国。14 世纪初，察合台汗国与元朝联兵击败海都之子察八儿，吞并了窝阔台汗国大部分领地。察合台汗国与元朝及西欧诸国均有交往，但其内部割据严重，最终分裂为东西两汗国。西察合台汗国后来为帖木儿所夺取，不断向外扩张，发展成历史上著名的帖木儿帝国。东察合台汗国一直持续到明代，其汗王将国都西迁到亦力把里（今新疆伊宁），因此明朝称之为“亦力把里”。

钦察汗国的体制和蒙古汗国很相似，整个汗国被视为术赤家族的领地，汗王把百姓连同土地一起分配给诸王和那颜，汗庭的重要官员由蒙古人担任，各州设总督和达鲁花赤，税收等事宜则交由商人承办。征服罗斯各公国后，与之建立起了宗藩关系，东欧各公国成为钦察汗国的属国。大公即位需要经过钦察汗的批准，并受到大汗委派的八思哈的监督，每年上缴什一税和商税作为贡赋。

由于拔都的拥立之功，加上本身的武力和威望，术赤家族的地位提高到前所未有的高度，钦察汗国和中央汗庭之间的关系一度极为密切。虽然来往于这 2 个斡鲁朵之间要用 4 个月时间，但是大量的人口流动还是在此区域间不断地进行着。

早期西迁到钦察汗国的蒙古移民，主要是随术赤西征而来的部众。由于术赤与察合台不合，在进攻花剌子模都城玉龙杰赤城（今土库曼斯坦乌尔根奇）时，二人各行其是，城久攻不下。成吉思汗改命窝阔台总领军事，协调行动后，才取得胜利。玉龙杰赤城陷后，术赤径返其在也儿的石河旁的辎重所在地，此后再也没有回到蒙古草原。西征后，成吉思汗分封诸子，术赤的封地就在额尔齐斯河以西、花剌子模以北，包括额尔齐斯河流域和阿尔泰山地区，随术赤西征的亲军就是最早迁到这里的蒙古移民。虽然人数没有确切记载，但是不会超出术赤最早的九千封户所能提供的士兵总数，估计也就不过万人上下。

规模浩大的长子西征后，术赤之子拔都趁机建立了东起也儿的石河（额尔齐斯河），西到斡罗斯，南起巴尔喀什湖、里海、黑海，北到北极圈附近的辽阔广大的钦察汗国。在大量蒙古人、汉人和北方民族迁徙到钦察草原的同时，在这一区域内生活的部分花剌子模人、不里阿耳人、莫尔多瓦人、阿速人、希腊人、斡罗斯人等，被蒙古大军或者商队带向东方，形成大规模的东西互动性的移民潮流。

由于钦察汗国的统治民族蒙古人只有数万人，因此逐渐被周围的部族所同化。到14世纪，这些蒙古人已开始使用突厥语和突厥文字，很多人还皈依了伊斯兰教。可以说，迁徙到钦察汗国的蒙古人同时经历着突厥化和伊斯兰化的过程，逐渐融入了当地人中。

15世纪以后，钦察汗国走向了衰落与分裂，其控制下的罗斯公国逐渐摆脱蒙古人的统治，走向独立。至1547年，莫斯科大公国正式改称俄罗斯沙皇国，伊凡四世加冕为俄罗斯沙皇，原钦察汗国的领地逐渐为俄罗斯所吞并。至1783年，由钦察汗国分裂出来的克里米亚汗国被沙皇俄国吞并，钦察汗国才最终完全消失了。

早在进行第三次西征之前，在1252年，大汗蒙哥就派其同母弟旭烈兀出镇波斯，并继续征服周围的国家。忽必烈即位后，因旭烈兀拥立有功，将阿姆河以西直到密昔儿边疆的土地都划归旭烈兀管辖，伊儿汗国正式建立。在四大汗国中立国最晚的伊儿汗国，与元朝关系一直非常密切，但与邻近的钦察汗国关系却极为紧张，甚至多次爆发战争。

以阿塞拜疆为中心的外高加索地区具有丰美的牧场、富饶的城镇和优越的地理位置。外高加索地区包括阿塞拜疆、格鲁吉亚、阿儿兰等里海以西地区。这里在13世纪20—30年代，由钦察汗国管辖。但在旭烈兀西征后，将外高加索地区据为己有，并把首都设在阿塞拜疆的帖必力思城。由于这里有蒙古人特别喜爱的库腊河下游的驻冬草原，和适于夏天放牧的覆盖着丰美青草的哈剌塔黑的山坡，以及各城镇中享有盛名的给统治者带来财富的手工业，特别是纺织工业，因此，

这里成为钦察汗国与伊儿汗国争夺的焦点。虽然这里与钦察汗国距离遥远，有鞭长莫及之感，但失去这一区域，意味着大部分领土在草原地带的钦察汗国失去了与外界联系的通道。因此，钦察汗国几代大汗对外高加索地区念念不忘，甚至不惜多次发动战争，誓要夺回黑海、地中海的出海权。

在伊儿汗国的统治者皈信伊斯兰教之后，伊儿汗国境内的蒙古人迅速地接受了伊斯兰教，并融入波斯人之中，因此，现代历史学家们一般将伊儿汗国视为伊朗历史上的一个朝代，而不是将之视为中国的属国。进入14世纪以后，伊儿汗国走向衰落并逐渐分裂。最后，在1393年，为另一个蒙古后裔建立的政权帖木儿帝国所灭。

随着蒙古西征和四大汗国的建立，大量的蒙古人、汉人和中亚各族人，从东向西迁徙，进入中亚、西亚、东欧以及西欧各地，在当地定居下来，并且逐渐被突厥化、伊斯兰化。而随着西征军的东归和丝绸之路的畅通，众多中亚人、钦察人、斡罗斯人、阿拉伯人、波斯人，分别以归顺者、工匠、奴隶、商人等身份来到蒙古草原和中原各地。东西方的文化交流就以这些移民为载体，空前繁荣地展开。但是，在蒙古统治的后期，由于局势的混乱和移民的本土化，大规模的移民开始减少，人口分布逐渐趋于稳定。

6.3　蒙古后裔

四大汗国和元朝的相继覆亡，意味着地跨欧亚大陆的蒙古帝国大厦轰然倒塌。但是，部分随着帝国扩张而分布于欧亚大陆各地的蒙古后裔，却继承了祖先的遗志，一度再现了帝国的辉煌。

14—15世纪之间，盛极而衰的钦察汗国分裂为喀桑汗国、诺该帐汗国、克里木汗国、西伯利亚汗国、阿斯特拉罕汗国、大帐汗国等8个独立的小汗国；察合台汗国分裂为东西两部分；伊儿汗国也分崩离析，地方割据严重。趁此时机，一个突厥化的蒙古人的后裔建立了帖木儿帝国。由于帖木儿帝国幅员辽阔，几乎涵盖了蒙古四大汗国中的三个，因此又被称为“第二蒙古帝国”。

1336年，帖木儿出生在撒马尔罕以南约60公里的渴石城（今沙赫里夏勃兹）。他的叔父哈吉是渴石城的领主，他的父亲塔剌海是突厥化的蒙古巴鲁剌思部的首领，他的祖先合剌察儿曾做过察合台手下一支军队的统帅。据《蒙古秘史》记载，成吉思汗八世祖篾年·土敦的第三个儿子叫合赤兀，合赤兀之子巴鲁剌岱的后人形成巴鲁剌思部。蒙古汗国建立时，该部的忽必来、忽都思、布鲁罕、合剌察儿等，均因功受封为千户长。在13世纪初，成吉思汗分封诸子时，巴鲁剌思部的大部分部众随察合台西迁，从此居住于中亚草原。到帖木儿出生时，在中亚生活了一百多年的巴鲁剌思部，已经是一个突厥化的蒙古部落。正如王治来在《中亚史纲》中所说的那样，“帖木儿本人，无论从血统、语言、信仰、习惯和文化等方面，都完全是一个突厥人”。但是，帖木儿却坚决宣称自己是成吉思汗的后裔，蒙古黄金家族的继承人。

河中地区是察合台汗国后期的统治中心，迁居河中地区的部分蒙古贵族，迷恋城市生活，改信伊斯兰教，并积极主张突厥化。但有一部分人则反对突厥化，主张保持原有的游牧生活方式和风俗习惯。1321年后，察合台汗国分裂为东、西两部分。居住在汗国东部（今新疆天山南路）的蒙古族人，仍然保留着本民族原有的生活方式和风俗习惯。而木八剌-沙为了表示对伊斯兰教信仰的虔诚，不仅在河中地区举行加冕礼，还把居住在七河流域的札剌亦儿部和巴鲁剌思部迁到河中地区，使其迅速地突厥化。

帖木儿年轻的时候曾经在西察合台汗国任千户长。1360年，他投靠征服河中的东察合台汗，被任命为主管河中行政的参赞。但不久，他又起兵反抗东察合台汗。因为他的脚有残疾，因此绰号为“帖木儿兰”（Timurlang），波斯语的意思为“跛子帖木儿”。由于他曾两度娶蒙古汗王之女为妻，以“古烈干”（蒙古语“女婿”之意）为号，所以中国史书中也称他为“驸马帖木儿”。

趁元朝灭亡之际，帖木儿于1370年攻占撒马尔罕，推翻了西察合台国的统治，并于1390年攻入东察合台汗国，开始建立以他自己名字命名的帖木儿汗国。继承了蒙古人能征善战传统的帖木儿，在自立为汗后，首先灭亡了西亚的伊儿汗国，而后进攻钦察汗国，又在1398年南下攻入印度，还曾向西攻打奥斯曼帝国。在帖木儿晚年时，还曾经想要东征中国的明朝，但在启程后他病死于军中。

经过30余年的征战，帖木儿帝国的疆域，南越恒河，北抵莫斯科，包括河中地区、花剌子模、里海附近地区，以及伊朗、印度的部分地区，还包括伊拉克、南高加索局部地区和西亚的一些国家。帖木儿继成吉思汗之后再一次建立了幅员辽阔的蒙古帝国。

只是，帖木儿帝国比蒙古帝国更加短命，1405年帖木儿死后，诸子相争，导致汗国分裂。后来，同样号称是成吉思汗后裔的乌兹别克汗昔班尼征服其全境，帖木儿汗国灭亡。

帖木儿帝国和明朝也多有交往。据张文德先生统计，帖木儿王朝来华使臣不少于78次，其中包括以进贡为名的贸易使，平均不到两年一次，而明朝回访的使团至少也有20多次。

帖木儿帝国灭亡后，在南亚次大陆又兴起了一个帝国，据说它的建立者巴布尔是蒙古人帖木儿的后裔，因此他建立的帝国被称为莫卧儿帝国，“莫卧儿”一词就是从“蒙古”转音而来，也有人称之为“第三蒙古帝国”。

据说，巴布尔是帖木儿的六世孙，他的母亲来自成吉思汗的黄金家族。虽然这个说法未必真实，但多数学者对巴布尔出身蒙古贵族家族是没有异议的。更有可能的是，莫卧儿帝国的统治者就是突厥化的蒙古人，或称之为蒙古—突厥人。

11岁就继承了父亲的王位的巴布尔，在中亚锡尔河上游称王，因无力抵御乌兹别克人的势力，他一度被迫退出中亚地区。到1504年，他趁阿富汗地区内乱之机，率领300名部下攻入阿富汗，以喀布尔为中心建立国家。此后，巴布尔的势力发展十分迅速。到1526年，他就能够出动12000人的部队，打败印度的10万大军，攻取德里，结束了德里素丹国在印度320年的统治，建立起莫卧儿帝国。

虽然巴布尔之子胡马雍曾一度因战争失败而逃往伊朗，在统治伊朗地区的萨非王朝帮助下才夺回北印度，但胡马雍的儿子、莫卧儿帝国第三位皇帝阿克巴却是一位大有作为的君主，被称为“阿克巴大帝”、“伊斯兰东方最贤明、正义的伟大君主”。他镇压了地方割据势力和王族内部的多次叛乱，在统一印度北部后，征服了西部、南部的部分地区。更为重要的是，阿克巴实行一系列改革，内容包括建立君主专制的中央集权体制、改革税法、规定司法系统独立，并实行伊斯兰教法和世俗法相结合的制度，以及实行宗教宽容政策等。卓有成效的改革使莫卧儿帝国走向富强。

17世纪是莫卧儿帝国强盛的时代，在这一时期，帝国经济繁荣，文化艺术发达。举世闻名的泰吉·玛哈尔陵，是莫卧儿帝国第五代皇帝沙·贾汗为纪念爱妻阿姬蔓·芭奴而兴建的陵墓。在第六代皇帝奥朗则布统治时期(1658—1707年)，莫卧儿帝国向南印度扩张，王朝版图几乎囊括了整个南亚次大陆。

18世纪以后，莫卧儿帝国进入衰落时期。皇帝先后成为入侵印度的波斯人、阿富汗人及马拉特封建王公的傀儡，地方总督纷纷割据，使帝国陷于四分五裂的状态。西方殖民势力也趁机从沿海向内陆扩张，莫卧儿王朝沦为英国殖民者的附庸。直到1857年，名存实亡的莫卧儿王朝被印度民族起义彻底摧毁。

蒙古人衰落的基本原因在于，相对于被征服的民族，他们的人数太少，过于原始。正如普希金所说的那样：“蒙古人是没有亚里士多德和代数学的阿拉伯人。”因此，他们一旦下马，定居下来享用掠夺物，就很容易被同化。这方面，蒙古人与阿拉伯人迥然不同：阿拉伯人拥有自己的语言和宗教信仰，这一语言和信仰为其属国人民所乐于采用，并成为帝国统一的强有力的纽带。蒙古人没有阿拉伯人先进，丝毫不具

备这种优势。恰恰相反，蒙古人采用了比他们更先进的属国的语言、宗教信仰和文化，从而失去了自己的身份。这就是其帝国创立后不久即崩溃的根本原因。

〔美〕斯塔夫里阿诺斯《全球通史》

当蒙古人在中亚、印度以及东欧的帝国趋于沉寂之后，有一支蒙古人经过长途跋涉返回中国，形成蒙古族移民史上的一段奇迹，这就是中国历史上非常有名的土尔扈特部东归。

多数研究者认为，土尔扈特部源于克烈特部。大约在12、13世纪，克烈特部建立了专门保卫汗廷的护卫军，称为土尔扈特。后来，充当成吉思汗护卫的这部分克烈特部的后裔形成了土尔扈特部。

明朝时，土尔扈特部是漠西厄鲁特蒙古的一部分，游牧于塔尔巴哈台附近的雅尔地区（今新疆塔城西北及俄罗斯境内的乌拉札地区）。到明朝末年，厄鲁特蒙古四部之一的准噶尔部逐渐强大起来，并企图兼并土尔扈特等部，因此，土尔扈特部迁往额尔齐斯河上游。

面对沙皇俄国的东向扩张，由于厄鲁特蒙古各部拒绝了宣誓效忠沙皇、加入俄国国籍、签订相应的条约等无理要求，沙俄当局开始驱逐在额尔齐斯河流域游牧的土尔扈特部蒙古人。于是，土尔扈特部和部分周围部族，共约19万人，迁往伏尔加河下游的广大草原。在这里，土尔扈特部逐渐发展壮大，建立了土尔扈特汗国，俄国人称之为卡尔梅克汗国。17世纪末，为了与奥斯曼帝国争夺黑海北岸，沙俄不断向土尔扈特部征兵，而且强迫信仰藏传佛教的土尔扈特人改信东正教，这激起了土尔扈特人强烈的反俄情绪。

为摆脱沙俄压迫，避免被奴役，土尔扈特部首领渥巴锡于1771年1月6日发动起义，率领土尔扈特部踏上了东归中国的征程。由于事先没有通知清政府，土尔扈特人在前无援军、后有追兵的情况下，在茫茫大草原上孤军奋战近半年，才抵达伊犁河畔。

清政府对土尔扈特部返归祖国的行动十分重视，册封渥巴锡为卓哩克图汗，其余大小首领也分别给予封爵，乾隆皇帝多次接见、宴请他们，并将其部众安置在新疆地区，拨给大量的牛羊、粮食、衣裘、庐帐等。

土尔扈特人分布在伏尔加河两岸，渥巴锡本来计划携同两岸部众一道返回故土，但是由于这一年伏尔加河迟迟没有结冰，左岸的人无法把回归祖国的消息及时传给右岸的土尔扈特人，致使他们羁留在俄国。苏联科学院编著的《卡尔梅克苏维埃社会主义自治共和国史纲》一书提到，当时在西岸没有东归祖国的卡尔梅克人有4700帐，其中有杜尔伯特部落10000多人，土尔扈特部落8000多人，和硕特部落3000多人。为了防止他们东归祖国，沙皇军队一直包围了他们十几年，不准他们离开伏尔加河沿岸。但在1771年至1775年之间，还是有2000多人采取小规模的、分散的方式，以游牧为掩护回到了祖国，清朝政府都很好地给予了安置。1775年以后，俄国政府严禁留居的人四处游牧，使这批卫拉特人至今留居俄国。如今，卡尔梅克共和国是欧洲唯一的佛教国家，卡尔梅克人至今还讲卫拉特蒙古语。

土尔扈特部东归不是偶然的行为，而是有深刻的历史渊源的。一方面，自从到达伏尔加河流域，土尔扈特人就一直在抵制沙俄侵略，土尔扈特汗国从来就不是沙俄的属国，二者的地位是平等的，但沙俄向外扩张过程中，对土尔扈特人多方打压，还要求他们俯首称臣，甚至改变宗教信仰，这自然引起了土尔扈特人的反抗。另一方面，虽然土尔扈特人远离故土，在伏尔加河流域生活了一个半世纪，但他们仍不断地与厄鲁特各部保持联系，并多次遣使向清朝政府进贡。1650年，土尔扈特部遣使向顺治皇帝表示臣服；1712年，康熙帝派出图理琛使团，途经俄国西伯利亚，到伏尔加河下游探望土尔扈特部；1756年，历时三载来到北京的土尔扈特使者，向乾隆皇帝呈献了贡品、方物、弓箭袋等。正是由于与祖国一直保持联系，而且关系友好，所以土尔扈特人才会锲而不舍地坚持回归祖国。

7 安土重迁之后

蒙古人的征服以及由此造成的移民几乎涉及欧亚内陆的每一个角落，但是，随着蒙古汗国的瓦解，欧亚内陆的大规模移民浪潮也趋于消失。这一古老大陆的核心地带似乎已经耗尽了其全部活力，开始走向沉寂，直到近代，才为兴起于欧亚大陆西北一隅的欧洲殖民者所唤醒。

在蒙古人的辉煌时期之后，相对于分裂混战的欧洲、中亚和西亚来说，东亚世界是稳定的、平静的，战乱相对少得多。在这一时期逐渐倾向于闭关锁国的中国，对内部的控制却越来越严密，占人口绝大多数的农民被日益严重地束缚在他们所耕种的土地上，不能随意迁徙。久而久之，安土重迁也就成为中国农民的一个特点。但是，在此时期里，中国境内仍旧存在大规模的族群迁徙，其中最引人关注、对中国历史影响最大的，无疑当数发源于东北地区的满族向关内的迁徙。

7.1 满族入关

1644年三月，农民起义军攻入北京城，明崇祯皇帝自缢于煤山，明朝灭亡。四月，山海关总兵吴三桂降清，清军入关。五月，清兵长驱直入，直达北京，进而逐步占领全国。为了夺取对全国的统治权，八旗精锐几乎全部入关，之后分驻全国各地。随着统治者入主中原，久居白山黑水间的满族人开始了向全国各地的移民。

为了加强对内地的统治，清朝统治者对满族的移民几乎是半强制性的。为了打消迁入关里的满族回迁的念头，东北许多满族旧居村屯都被人为地加以破坏，这对东北地区的社会经济发展无疑起到了负面的作用。1682年随康熙皇帝巡幸东北的基督教传教士南怀仁，在其所著《鞑靼旅行记》中，还对这一政策的影响有所记载。

> 在辽东，村镇全已荒废。残垣断壁、瓦砾狼藉，连续不断。废墟上所建的房屋，毫无次序，有的是泥土夯筑，有的是石块堆砌，大多是草苫的，瓦顶的、木板圈房缘的极罕见到。
>
> 战争前的许多村镇，其遗迹早已消失。所以如此，是因为鞑靼王以微小的兵力起事，迅速地大规模地从一切城镇中强募军队，为了使士兵失去回到家乡的一切希望，把这些村镇完全破坏了事。
>
> 南怀仁《鞑靼旅行记》

清军入关前，经皇太极扩建的满蒙汉八旗中，汉军八旗有167个牛录，蒙古八旗有129个牛录，满洲八旗有319个牛录，共615个牛录。由于资料的缺失，我们无从得知这时期满族确切的人口，因此对入关前满族人口数量的估计都是根据八旗编制而推算的。

因为满族壮丁全部编入八旗中，当时每牛录约300男丁，按照葛剑雄在《中国移民史》中所采用的"一丁带四口"标准来推算，清入关前满八旗壮丁约有66000人，满族人口总数应有40万左右。清入关后，除了少部分留守东北外，八旗军户大部分都迁居关内，之后驻防全国，他们的家属也随之迁居到各地，也就形成了满族向全国各地的移民。其中以卫戍京师的京师八旗人数最多，因此迁居到北京的满族人数最多。

为了安置迁到北京的满人，清统治者驱逐北京内城居民，将内城作为满族集中居住地，并坚持贯彻满汉分离政策。为了维持迁居北京的满人的生计，清入关后在京畿地区大量圈占所谓的"无主荒地"，分配给满洲贵族和八旗官兵。清朝初年，八旗圈占的京畿直隶地区的土地至少有15万顷，占耕地总面积的五分之一以上。

在很长一段时间内，迁入北京的八旗人口自然增长并不快。因为在清入关之初的数十年间，八旗几乎参加了所有重大的军事行动，战争损耗严重。因此，清政府为了巩固京畿防卫，只得继续大量迁入旗兵，并对满族采取了非常优厚的恩养政策，以促进满族人口的增长，保证八旗兵源充沛。

直到1691年以后，全国政局逐渐稳定下来，也少有大的战争发生，京师八旗才开始休养生息，北京的满族人口进入快速增长时期。据学者研究，顺治年间随清朝统治者陆续迁居北京的满族人口大约有25万左右，到1722年，北京的满族人口几乎翻倍，达到48万左右，到乾隆末年有55万。但是，这样迅速的人口增长，导致满族人口剧增，八旗闲丁大量增加，京师负担过重，因此从乾隆开始，统治者开始将部分满人迁居外城，甚至迁回东北老家。

2000年，一份流落民间的嘉庆年间官方档案被偶然发现，经专家考证，揭示出一段鲜为人知的历史：从乾隆九年至乾隆二十四年，有3000多户京城闲散八旗子弟被迁往东北拉林阿勒楚喀地区（今黑龙江省五常市拉林镇）屯垦定居，其中多有王公重臣之后，包括索尼、索额图、鳌拜、和珅等人的子孙。这应该是清统治者为解决京城旗人闲丁生计的一次大胆尝试。

随着清廷控制范围的扩大，为了镇压各族人民的反抗、稳固统治，清朝统治者不断派八旗官兵去各省的军事要地驻防。顺治二年，清统治者首先派八旗兵驻守西安和江宁（今江苏南京）两地，不久又遣八旗兵驻防顺德、济南、德州、临清、徐州、潞安、平阳、蒲州等地，杭州也于顺治六年成为八旗驻防点。康熙年间陆续派八旗驻防福州、荆州、广州、开封等地，雍正年间再次增加宁夏、清州、绥远城等地为八旗驻防地，乾隆年间又先后在凉州、庄浪、惠远、惠宁、会宁、巩宁、孚远、广宁等地派兵驻防。据《大清会典》所载，全国八旗驻防地有97处之多。其中畿辅驻防点25处，东三省防点44处，新疆防点8处，其他各省驻防点20处，驻防八旗与京师八旗兵力相当。

从顺治到康熙年间，除东北地区外，各地八旗佐领都编于北京，换句话说，驻防外地的八旗由在京八旗派出，没有独立的编制，户籍编审属于北京，退伍、致仕后都必须携带家眷返回北京，甚至死后遗骨都要送回北京安葬。这也就是“八旗禁旅”一词的意义所在。

因为康乾年间京师八旗人口增长迅速，为了缓解京畿地区人口压力，清政府不再将八旗作为禁旅，反而要求八旗官兵携眷永驻驻地，这就导致了满族人口近半数分散居于全国各地军政要冲。由于八旗驻防各地时多自建满城或在旧城区与汉人分片居住，因此形成了满族在全国范围内大散居、小聚居的分布状态。

入关时满族人口总数不过40万左右，而当时汉族人口过亿，在这样的悬殊比例下，虽然清朝统治者试图通过满汉分离的方法，将满族局限在京师的内城和驻地的满城之内，但却无法阻止长期生活在多数汉人之间的满族汉化。

由于清朝统治者的强行推广，满族服饰和发型在全国普及，但汉语、汉字以及汉文化中的许多方面也为满族所学习、借鉴。清朝初期，大量清朝贵族和八旗官兵迁入北京，改变了北京原有的人口结构，满族成为北京人口最多的民族之一，也在一定程度上改变了北京以及京畿地区的风俗习惯。如今的北京话中还保留许多满语词汇，很多满族特色食品成为北京独特的风味小吃。

但最终，满族在给中国文化涂上一层浓重的满族文化的色彩之后，大部分还是汉化了。清朝灭亡以后，满语也逐渐成为死语言，我们也不知道，以今天基本成为死文字的满文写成的大量清代档案中，究竟还保存着多少鲜为人知的故事。

7.2 战乱之后的移民

有学者估计，中国在宋代人口就已经突破了1亿大关，至明代，总人口可能已经超过1.5亿，至清代中期，更是达到4亿这个其他国家甚至无法想象的数字。由于人口密度的空前提高，中原地区凡是可以耕种的地方几乎全部都得到了开垦，都有人居住，已经不存在可以进行大规模移民的空间了。因此，明清两代中原地区的大规模移民，几乎都发生在残酷战乱造成巨大人口减员的地区，其中最典型的可能是明末清初的湖广填四川，和清中期太平天国起义被镇压之后向江浙地区的移民。

明末农民大起义重要领袖人物之一的张献忠，在与李自成分道扬镳以后，主要在长江流域发展。当李自成在黄河流域大显身手的同时，张献忠率部攻入四川，于 1644 年八月初，攻克四川的首府成都，十一月，张献忠在四川称帝，建立大西政权。张献忠统治期间进行过多次大屠杀。在四川流传着这样的说法，八大王血洗四川，杀得鸡犬不留。“八大王”就是指张献忠。

1645 年八月，张献忠在地主武装、清军、南明军队的联合打击下，撤出成都。在北上至西充时遭清军伏击，十一月张献忠被清军击杀，其余部由李定国、刘文秀、孙可望等率领，经重庆转进贵州、云南。在 1650 年的秋天，孙可望部攻克遵义，进入重庆，一度占领川东；刘文秀部从云南入川，一度占领以嘉定为中心的川南。但到了 1659 年，四川除巫山外，已经全部处在清廷的控制之下了。在清军与张献忠余部的拉锯战中，四川各地惨遭蹂躏，大量居民被杀。

在张献忠起义失败以后，南明小朝廷又在四川与清兵对峙，在重庆、遵义和嘉定（今乐山）等地作战，清军战败，南明军队占领了四川境内的大部分州县。但是，好景不长，接下来四川又陷入南明分守诸将的割据混战之中。直到 1664 年秋，经过多年征战，入川清兵才好不容易肃清了南明残余势力和张献忠的余部，使四川地区的战争暂时地告一段落。但还不到 10 年，吴三桂于 1673 年在云南、贵州发动叛乱，其部将王屏藩攻入四川，继而四川巡抚罗森、提督郑蛟麟等附叛，吴三桂占领四川，平叛的清军又与吴三桂叛军在四川作战，直到 1680 年，清军才基本控制了四川。

从明末张献忠入川到平定吴三桂的叛乱，前后近 40 年的时间里，四川地区一直处于战乱之中，人口损失惨重。

除战争造成的直接伤亡外，战后尸横遍野，长期得不到掩埋，瘟疫随之泛滥。仅 1648 年的一次瘟疫，就席卷了许多城市和乡村，死伤无数。与此同时，四川地区天灾不断，持续数年的大旱导致赤地千里，饥民饿死无数。大旱、大饥、大疫席卷大半个四川,到处都出现了人吃人的惨剧。

正是在战争、瘟疫、灾害的三重作用下,四川地区人口锐减。康熙初年,由广元入蜀赴任的巡抚张德地由顺庆、重庆坐船至泸州,舟行数日,竟然没有听到过人声。原为“天府之国”的川西平原,在连年的战争加天灾的摧残下,人口减至历史上的最低纪录,首府成都仅剩“数百家”,很多州县的人口仅有战乱前的10%或20%。

在这种情况下,清政府采取措施,鼓励各省民众入蜀垦荒,由此引发了一场大规模的面向四川的移民浪潮,由于进入四川的移民以来自湖广的为数最多,历史学家们也称这次移民浪潮为“湖广填四川”。

早在1668年,四川巡抚给康熙帝上疏,提议迁徙湖广民众前来四川,康熙正式颁布了面向全国的移民诏书——《康熙三十三年招民填川》,下令从湖南、湖北、广东、江西、福建、陕西、贵州等省向四川移民,历史上有名的湖广填四川的移民活动正式开始。

据田光纬先生研究,移民入川主要可以分为三个阶段。

移民的初期阶段,大体是从1659年至1682年。虽然清政府采取了许多奖励开荒的政策,但由于张献忠大西政权及其余部与清军的战争、清与南明的战争、平定吴三桂叛乱的战争,四川战乱不断,移民招垦的成效不大。有许多从陕西迁入四川开荒的移民死于战乱,使移民受到很大挫折。

移民入川的第二阶段,大体从1683年至1795年。由于战争已经结束,清政府对移民政策不断进行完善,康熙、雍正、乾隆三位皇帝大力支持,因此,数以万计的移民涌入四川。仅零陵一县从楚南入川者就不少于10余万人,移民入川达到高潮。

移民入川的第三个阶段,是自1796年起,移民规模逐渐缩小,移民入川浪潮趋于停止。其实在乾隆末年移民迁入速度已经明显放缓,而且地方政府也在逐渐控制移民的迁入。清朝总体上对移民采取不禁而止、听其自然的态度,但由于四川境内爆发了白莲教起义,显然也会对移民造成影响。

进入四川的外省移民大体分布在川东、川中、川西三个地区。川东各县的移民均以来自湖广的移民为主，另有来自广东、江西、福建和陕西的移民。在川中地区的移民中，湖广人仍居多数，其次是广东人和江西人。而在川西地区，湖广移民的比重由川东、川中的70% ~80%降至30% ~33%，广东人的比例上升。在成都，来自广东的移民在数量上似乎已经超过了湖广移民。总体而言，清代的“湖广填四川”，是一场以湖广移民为主，广东、江西、山西等省移民为辅的大规模人口迁徙。湖广移民沿长江由东向西分布，愈往西、往南、往北分布愈稀，广东、江西移民则愈往西分布愈密。

外省移民入川大体有三条主要线路。其一，是由长江取水路入川。移民沿江汉平原，溯长江而上，穿过三峡，进入重庆，甚至是达到川西平原。其二，是由四川北部的川陕周边旱路入川。陕甘移民多是从川陕驿道及临县进入川北，或由此再进入四川盆地。其三，是从贵州旱路入川。虽然这条道艰险异常，但据统计，在移民高峰期，5年间就有24万多的广东、湖南两省移民通过此路进入四川。

传说，在清初移民诏书下达后，很多人并不愿意背井离乡迁往四川，地方官员就将这些人用绳子捆绑起来，押解上路。为防止这些移民中途逃回，他们在途中一直被捆着双手，只有在大小便时才会被暂时解开。在途中，如果有人内急，就和负责押解的官兵说：官爷，解手去方便。这样，“解手”竟成为上厕所的别称，被一直沿用至今。

明末清初的这次“湖广填四川”，是为了填充战后四川地区人口流失的一次大规模移民运动，前后长达一百多年，入川人口约一百万人。大量外来人口入川，补充了四川人口的不足，促进了四川地区经济的恢复和发展，也带来了文化的大交流和风俗的大融合，其中最为突出的是楚文化与巴蜀文化的大交融，四川官话就明显受到了湖北话的影响。

在清代，另一次规模更大的移民运动，是在太平天国起义被镇压之后向江浙地区的移民，与“湖广填四川”一样，也是一次为填补战乱造成的大量人口减员的移民。

1851 年，洪秀全在金田村发动了中国历史上有名的太平天国起义。到 1853 年 3 月，太平军攻下南京，并于此定都，建太平天国，与清政府形成对峙。因此，在镇压太平天国起义过程中，江浙地区的人口损失最为严重。

据葛剑雄先生《中国移民史》的统计，在此期间，江苏死亡人数达 1400 万以上，浙江达 1681 万，而安徽更是高达 1786 万。相对于此三省战乱前 11204 万的总人口来说，十几年的战争，三省的死亡人数达到 4855 万(原文如此)，战争死亡人口接近 50%。由于人口锐减，江浙地区土地大量荒芜，社会经济遭到严重破坏。甚至在当时，两斤大米或一只鸡就可以换一亩地，上田一亩也仅值 800 文铜钱，经济的残破萧条由此可见一斑。在这一背景下，清政府开始下诏对江浙地区实施移民垦荒。

南京城在战争中曾经遭到几次屠杀。1853 年，太平军围攻南京，据说在攻城时可能由于弄错了引线，在第一次炸开城墙登城时，刚刚登上城墙的几千名太平军士兵又被炸药送上了西天。但是就在清军忙着争功领赏时，太平军主力蜂拥而上，南京城失守，第一次屠杀开始。南京内城的旗人居住区，据说除 400 多名满族士兵突围之外，城中 6 万旗人之中，男性成年全部战死或被杀，女性成员中的老弱或被太平军诱至火药处炸死，或被引出城外用火烧死，剩余六七千名年轻妇女则被押入江南贡院成了军妓。仅仅是在其定都南京不久后，在 1856 年发生的天京内乱中，太平军相互屠杀死亡者就达到 3 万余人。第三次屠杀是在曾国藩率领湘军攻破天京之时，对城中居民实行大屠杀，据说曾国藩的外号“曾剃头”就是得自这次南京屠杀。三次大屠杀之后，南京城中居民所剩无几，在战后只能通过移民来补充战争中的人口伤亡。

大规模的移民主要集中在苏南、浙江和安徽三个地区。

苏南地区受破坏最严重的南京城，在战后，政府设立招垦局，安徽、湖北及苏北的移民大量迁入。据同治十三年《上江两县志》记载，城中人口70%来自湖北和安徽。不仅城市中成为移民的天下，乡村的移民人口可能更多。但是在战争结束七八年之后，这些地区仍有一半的土地未得到开垦。一直到1888年，还有大批湖北人和河南人，在政府的招垦政策下迁入苏南一带垦荒。据称，仅河南光山一县，就向苏南、浙西、安徽和江西的近60个地区，输送移民100多万。

由于太平军的大多数士兵来自两湖，所以苏南地区的居民对进入其地的两湖客民有着深深的敌意，为此，当地也吸引了大量的苏北移民进入。这样，在苏南地区至少形成了两个移民集团，即来自河南、湖北的移民集团，和出自本省的苏北移民集团。

但是，来自外省的移民在江苏省的移民中并不占大多数，当时只有江宁、镇江和常州三府依靠外省的移民补充了人口。据统计，苏南接受的外省移民大约仅有100万左右，相对于战争中损失的1400万人口而言，仅能说是九牛一毛。大部分移民是由苏北迁入的，也就是来自省内的移民居多。

迁入浙江的移民主要集中在杭州府、嘉兴府以及湖州府等地，移民分属本省的绍兴、宁波、温州、台州，以及外省的河南、湖北、江苏（苏南）几大集团。据统计，到1889年，杭州府的外来移民大约为51.9万，嘉兴府仅有7.5万，湖州府也只有10万多人迁入。移民仅有132万，尚不到其战争中损失人口1680万的十分之一，其中的外籍移民更是仅有40万。可见，浙江的人口损失，主要是通过内部的移民以及人口的自然增长得到补充的，但是这是一个漫长的过程，以致到1953年，浙江的人口数量还没有恢复到1851年的水平。

在太平天国战后，可能以安徽的荒地为最多。安徽的移民招垦主要集中在皖南和皖北两个地区。相对而言，皖北的人口损失比皖南要少一些。战争期间安徽人口损失1786万，其中皖南占1040.6万。例如，皖南的广德县，在太平军入浙和从浙江撤走时，都是两军激烈争夺的地区，所以人口损失惨重。使问题变得更加严重的是，在皖南地区1875年因战争引发的严重瘟疫中，广德县的人口损失率高达93.5%。因此，到了1880年，移民就已经占全县总人口数的85%了。迁入皖南的移民主要来自河南、两湖和皖北。

战后安徽的移民大约共有264万，仅占安徽全省人口损失的14.8%，外省移民可能不足百万。战后安徽的人口更多的是通过省内的移民和人口的自然增长来恢复的。皖北地区的安庆是省内移民的另一个典型例子，但是它与广德县正好相反，是移民输出的中心之一。虽然历史上有名的安庆保卫战长达11年之久，人口损失过半，但是相对于安徽的其他地区，安庆的人口仍是较多的。据统计，到1889年，安庆迁往其他地区的人口应达40万。皖北其他地区的移民迁入，除了来自河南和两湖之外，庐州府和安庆是两个重要的移民输出地。

在太平天国之后，截止到1889年，江苏、浙江、安徽三省接纳的移民总数为560万左右，其中来自外省的大约在200万左右。但是，相对于战争期间四五千万的人口损失来说，移民的数字显得过少，究其原因，当是中国东南的经济发达地区的人口密度已经过高，虽然有巨大的人口损失，却仍不能为大规模移民提供足够的空间。这也从另一角度证明了，明清以后中国族群迁徙基本呈停滞状态，最主要的原因是人口的高密度。

过多的人口在挤压着人们的生存空间，将中国人束缚在越来越狭窄的空间之内，失去了迁徙和互动的可能，从而也就丧失了发展的活力。从前的移民规律是，移民迁入往往导致战乱，而现在却是战乱才能够带来移民的迁入。

7.3 沙俄东扩

明清以来，影响欧亚内陆族群分布的最重要历史事件，可能要数沙皇俄国的东扩了。随着沙俄越过乌拉尔山脉，侵吞西伯利亚直至太平洋沿岸的广阔地区，并鲸吞中国北方领土，同时也在进行着一场大规模的东向移民运动。其结果是，中国与俄罗斯这两个原本领土不相连的国家,现在却有着上千公里的边界线,而西伯利亚这个历史上黄种人的居住区,现在也以斯拉夫人占人口的多数了。

斯拉夫人原本是一个居住在日耳曼人以东的大族群,从易北河、奥得河至第聂伯河中游,从波罗的海沿岸地区至多瑙河下游、黑海沿岸,都是其分布区。至6世纪,从斯拉夫民族中分离出来的东斯拉夫民族分支,形成了现在的俄罗斯、乌克兰和白俄罗斯各民族。

在862年,诺夫哥罗德的东斯拉夫人部落由于内部矛盾不断,他们邀请瓦里亚基人(入侵东欧的诺曼人)的军事首领留里克兄弟来做他们的王公,于是,日耳曼人建立了东斯拉夫人历史上的第一个国家——罗斯公国,史称"留里克王朝"(862—1598年)。留里克死后,摄政的奥列格于882年占领基辅,并迁都于此,从此罗斯公国被称为基辅罗斯。到12世纪,基辅公国分裂为十多个小国,互相混战。其中较大的有基辅、斯摩棱斯克、里亚赞、诺夫哥罗德、罗斯托夫、苏兹达尔等。13、14世纪时,割据的罗斯各国,分别遭到蒙古、立陶宛、波兰的入侵。

自14世纪前期伊万·卡利塔在位时(1324—1341年),莫斯科公国开始崛起。卡利塔通过贿赂金帐汗及其妻、妾,被封为大公,负责征收全罗斯的赋税,并趁机捞取利润,利用大公的职权加强其在罗斯的权力。14世纪后期,莫斯科公国开始领导对金帐汗国的斗争。1380年,莫斯科大公顿河王德米特里率罗斯军队在库利特沃原野战胜20万蒙古大军,奠定了罗斯摆脱蒙古统治的基础。伊万三世在位时(1462—1505年),莫斯科公国基本完成了对罗斯各公国的兼并,初步建立起统一的中央集权国家。同时,伊万三世停止向金帐汗国进贡,彻底摆脱了蒙古人的统治。到1598年,留里克王朝最后一代沙皇费奥多尔去世,其子嗣断绝,俄国经历了一段"动乱时期"(1598—1613年),最后于1613年米哈伊尔被选为沙皇,开始了罗曼诺夫王朝的统治,一直持续到1917年十月革命的爆发。

立国之后,俄罗斯就迅速走上对外扩张的道路,从基辅罗斯到莫斯科大公国再到俄罗斯帝国,其疆域从最初的43万平方公里一直扩大到1700多万平方公里,成为疆域最为辽阔的国家。

俄罗斯面向东方的扩张是从伊凡四世在位时开始的。伊凡雷帝继位之初,其对外扩张的主要目标,是位于伏尔加河中下游的喀山汗国(1438—1552年)和阿斯特拉罕汗国(约1459—1556年),都是蒙古人建立的汗国。伊凡雷帝从1545年春开始第一次远征喀山,共出兵15万,并携带150门大炮,但是直到1552年10月,才最终灭亡喀山汗国。不久之后,伊凡雷帝乘胜南下,于1554年出动3万军队占领了阿斯特拉罕汗国,赶走原可汗,另立杰尔维什·阿里为汗。但是阿里不甘心做俄国的傀儡,又倒向了克里木、土耳其,并得到他们的支持。1556年,伊凡雷帝再次派兵征讨阿斯特拉罕,阿里望风而逃,阿斯特拉罕汗国被并入俄国。随后,俄国又侵入诺盖汗国和以前臣服于喀山的八什基里亚,完全控制了伏尔加河中下游和乌拉尔山脉以西的广大地区。

由于此后沙皇政府把注意力全部集中在了欧洲,其在亚洲的扩张只是利用殖民冒险分子作为占领西伯利亚的开路先锋。俄罗斯在西伯利亚的扩张大致可以分为三个阶段。

俄罗斯在西伯利亚扩张的第一个阶段,主要是征服西伯利亚汗国,也就是鄂毕河流域。

对西伯利亚汗国的扩张开始于1581年,头号"功臣"是富商斯特罗加诺夫家族。当时伊凡雷帝正在立沃尼亚战争中被波兰和瑞典打得焦头烂额,无暇顾及遥远的西伯利亚,他只是派出经常与西伯利亚汗国打交道的斯特罗加诺夫家族,去西伯利亚汗国收取毛皮。

斯特罗加诺夫(Stroganov)家族,16—19世纪俄国最大的富商、实业家家族,也是征服西伯利亚汗国的组织者。从16世纪后半期开始,该家族经营制盐、造碱、开矿、制造枪炮等企业,拥有成千上万的工人,他们甚至可以招募兵马,筑堡设防。1581年进攻西伯利亚汗国的哥萨克叶尔马克,就是这一家族所招募的。1598—1613年间,斯特罗加诺夫家族为米哈伊尔·费多罗维奇·罗曼诺夫登上帝位提供了资助。1688年,该家族曾为彼得大帝建造两艘军舰。1700—1721年,在北方战争期间，他们为沙俄政府提供了大量的金钱援助。1722年，该家族成员取得男爵爵位，1798年又取得伯爵爵位。可以说，这是一个在俄罗斯充满实力而又充满传奇的家族。

1581年，斯特罗加诺夫家族派遣其所招募的以哥萨克人叶尔马克为首的一支840人的队伍远征西伯利亚汗国。年迈的库楚汗和强悍的哥萨克苦苦周旋，到底弓箭长矛敌不过火枪火炮，库楚汗只得撤出首都伊斯克尔。叶尔马克向伊凡雷帝报捷，并送回2400张貂皮及其他毛皮，请求沙皇派遣援军以便继续东侵。伊凡四世奖励了叶尔马克两副盔甲和一大笔金钱，并派出一支500人的正规军。可是，当这支正规军在1584年底抵达西伯利亚汗国的时候，叶尔马克的军队在库楚汗的不断骚扰下早已疲惫不堪。第二年，叶尔马克在遭遇伏兵时，身着沙皇御赐的笨重铠甲，在惊慌失措中落水淹死了。哥萨克和其他俄国军队在给养缺乏的情况下，一蹶不振，陆续撤回俄国。

叶尔马克原是顿河哥萨克人，因盗马而被判死刑，他逃到伏尔加河一带，仍旧干些拦路抢劫的无本生意。由于劫持前往莫斯科宫廷的波斯和布哈拉商队，受到沙皇的通缉。叶尔马克逃亡到楚索瓦亚河，投奔了斯特罗加诺夫家族，成为该家族东征的得力干将。但是，就是这样一个人物，在许多俄国的历史著作中，却一直被描绘成传奇式的“英雄豪杰”，称赞他是“新土地发现者”，“是一位具有杰出才能和特质的人物”。

1586年，沙皇政府重新派出远征军，并改变了以前只强迫被征服地区纳贡的策略，转而在征服地设立城堡，控制了从伏尔加河到鄂毕河流域的水道及水路联运点。随后，俄军兴建了托博尔斯克和塔拉堡，作为征讨库楚汗的基地。到1598年，库楚汗战败逃到南方草原，并被那里的人杀死，西伯利亚汗国灭亡，俄国吞并了西伯利亚西部，鄂毕河流域成为沙俄的领土。

俄罗斯在西伯利亚扩张的第二个阶段，是对叶尼塞河流域的侵略。

1601年，沙俄侵略者在塔兹河口建立了曼加西亚，次年建克次克城堡，这是他们由北路侵入叶尼塞河的据点。1607年，他们强占通古斯人的居住区，建立了新曼加西亚。由于遭到通古斯人的顽强抵制，直到1625年，俄国对叶尼塞河下游的控制才初见成效。

南路由克特河到叶尼塞河流域，居住着汉戴人，向东有通古斯人，向南是布里亚特蒙古人。1619年，沙俄殖民者在上通古斯卡河流入叶尼塞河处建立了叶尼塞斯克。至17世纪20年代，他们溯流而上，进攻布里亚特人，并深入贝加尔湖一带。

俄罗斯在西伯利亚扩张的第三个阶段，是对勒拿河流域及中国黑龙江流域的侵略。

对勒拿河流域的扩张也是南北两路同时并进。至1632年，别克托夫率众来到勒拿河中游，建立了雅库茨克，沙皇政府于此设立独立的督军府，策划南下侵略中国东北，北上向西伯利亚东北推进。1633年，伊凡·莫斯克维京率领一支小队东征，于1639年到达鄂霍次克海，达到了太平洋沿岸。

在此阶段，沙俄也将魔爪伸向中国黑龙江流域。1643年，雅库茨克督军彼得·格洛文派遣瓦西里·波雅尔科夫，率132人，翻越外兴安岭，闯入中国境内，但是受到当地的达斡尔人的英勇抵抗。1650年，俄国又一次侵入黑龙江流域，打败达斡尔人，占领了雅克萨城，而到1658年，这一批入侵者被清军歼灭。此后俄国人不甘失败，又以叶尼塞斯克为基地，从贝加尔湖东进，夺取了尼布楚。一批俄国匪徒于1665年闯到雅克萨旧城，重建城堡。1685年和1686年，清军发动两次雅克萨自卫反击战，几乎全歼侵略者。1689年，中俄两国签订了《尼布楚条约》，明确规定外兴安岭以南的黑龙江流域和乌苏里江流域是中国的领土。这是沙俄在西伯利亚扩张中受到的最大一次打击，但是由于清政府的退让，贝加尔湖以东地区还是被划归俄国所有。

鸦片战争之后，由于清政府的腐败，沙俄以武力为后盾，向中国的东北地区和西北地区进犯，强迫清政府签订了《中俄瑷珲条约》、《中俄北京条约》和《中俄勘分西北界约记》等一系列不平等条约，从中国抢占了大约154万平方公里的土地，包括今中亚地区的部分领土，黑龙江以北、外兴安岭以南、乌苏里江以东至海的大片领土。

至此，俄罗斯的东扩，共侵吞了不少于1300万平方公里的领土。

1860年，俄国通过对中国的侵略，其边界已经东临日本海，达到太平洋沿岸。同年，俄国在海边接近边界的地方，建立了符拉迪沃斯托克（又名海参崴），其俄文的意思为“东方的统治者”。沙皇俄国的探险队还曾经穿越白令海峡，吞并了北美的阿拉斯加。只是在1867年，沙皇俄国出于国家财政的考虑，而且也不能对阿拉斯加实行真正有效的统治，才把它以720万美元（一英亩不到两美分）的价格卖给了美国，这应该是美国在领土扩张中得到的最大实惠。

伴随着俄罗斯在西伯利亚的扩张，人口迁移也随之进行。过去俄罗斯的人口集中地主要是在以莫斯科为中心的欧洲平原的中心地带，随着扩张的进行，沿伏尔加河向东指向西伯利亚地区，逐渐形成了一条新的人口分布地带。

18世纪时，在叶尼塞河以西的西伯利亚地区，商人和土著已经让位于殖民者。有些殖民者是囚犯，而其中的部分政治犯构成了社会中最有知识、最有教养的阶层。欧洲俄国地区每年都要为拓展西伯利亚提供一定数量的农民，这些人享有某些免税权和国家的帮助。

但是，西伯利亚大部分的永久移民既不是囚犯，也不是被强迫去的殖民者，而是为了逃避债权人、兵祸、宗教迫害尤其是农奴制的束缚，而自愿迁移到那里的俄国农民。16—17世纪在欧洲俄国盛行的农奴制，并未在西伯利亚生根，这一点对农民的迁移至关重要。1622年，西伯利亚的土著居民是17万左右，外来移民仅仅2万人左右，而到了1763年，土著居民虽然增长到26万，移民却增长到了42万人，在人数上远远超过了当地的土著居民。

土著的缓慢增长应该与俄罗斯扩张中的屠杀有关,而移民增长的缓慢,一方面与西伯利亚艰苦的环境有关,另一方面也是因为西伯利亚的外来移民仅仅是从俄罗斯而来,其来源范围过于狭窄。到1914年,西伯利亚的人口还仅有900万人。

从伊凡雷帝最初在伏尔加河流域的扩张,到最后沙俄对西伯利亚,中国东北、西北的侵略,俄国的统治者们逐渐把目光由欧洲转向亚洲,也许正是这种战略重点的转移,促成了庞大的俄罗斯帝国的诞生,也造就了现今俄罗斯人口的大体分布范围。用兰采夫(Lantzeff)的话来说:俄国扩张的范围之大、历时之久,都是独一无二的,这是俄国历史上最壮丽的篇章之一。

7.4 走向边疆

为了抵御沙皇俄国对中国东北地区的侵略,清政府也不得不考虑改变其在东北行之已久的封禁政策,由此引发了中国近代历史上一次面向边疆地区的移民高潮,这也就是我们所熟知的"闯关东"。

实际上,清代向东北地区的移民可以上溯至顺治年间。

在明代,东北地区除辽东半岛农业比较发达,人口密度较高以外,其他地区大多为少数民族分布区,很多地区尚以渔猎采集经济为主,人口密度较低。由于满族与明王朝之间的战争,导致辽东地区原有人口的大量流失。据统计,明代后期辽东地区大约有300万汉人,而在明末的战乱中,大约有250万人外迁。为此,清朝在入关之初,对东北采取了移民开垦政策。

清朝颁布《辽东招民开垦条例》,对移民实行奖励,在此措施的鼓励下,出现了清代第一次移民东北的高潮。但是,由于担心汉人破坏自己的龙兴之地,也害怕汉族人与蒙古人联合造反,清朝不久就开始对东北实施封禁政策。为阻止中原移民进入东北,清朝在东北修建了"柳条边"。

清朝统治者为禁止中原移民进入东北地区所修筑的边墙，由于其构筑是在土堤上植柳，因此被称为柳条边，也称盛京边墙、柳城、条子边。从山海关经开原、新宾至凤城南的柳条边，因修筑时间比较早，被称为“老边”，自开原东北至今吉林市北的柳条边则被称为“新边”。在交通要道，初设边门21处，后减为20处。各边门驻官兵数十人，稽查行人。禁止汉人越过边墙打猎、放牧和采人参。

但是，移民浪潮已开，清政府的封禁政策并不能完全阻止关内人口移民东北。每当遇到灾害之年，黄河流域大量流民不顾禁令，蜂拥出关，难以阻挡，这也是所谓“闯关东”的来历。至1840年，东北人口已突破300万人，比一个世纪前猛增了七八倍。

清朝对东北的封禁政策一直持续到1860年。面对沙皇俄国对中国东北领土的蚕食，黑龙江将军特普钦于1860年上疏朝廷，呼吁开禁放垦，鼓励移民，获得了皇帝的采纳。于是，直隶（今河北）、山东等地区无地或少地的农民纷纷进入东北地区，开垦荒地，这个过程一直持续到1931年“九一八事变”之前。

今天的东北人十之八九是当年“闯关东”的移民的后代，而这些移民，又十之八九来自山东半岛，以至有人开玩笑，把东北三省称为山东的“殖民地”。为何“闯关东”的山东人如此之多，学者间说法不一。

一种说法认为，清代山东地区人口剧增，地少人稠的矛盾越来越突出；山东又是灾害多发区，旱灾、涝灾、虫灾时有发生，各种自然灾害的严重程度远远超过其他各省，而且在黄河尚未整治之前，山东时不时成为黄泛区，致使人民苦不堪言，纷纷外迁，而与山东隔海相望的东北就成为山东移民的首选地区。

另一种说法认为，这与山东人对农业的特殊重视有关。山东地区一直流传着“千行百行，种地才是本行”的说法。因此，失去土地的农民不是积极寻求其他的谋生方式，而是积极地去寻找新的土地。

"闯关东"的人进入关外主要有两种途径,一是走陆路入山海关,再一路北行;另一种是走海路,从胶东半岛浮海北上到达辽东半岛。走陆路或海路,是由"闯关东"的人自身的条件所决定的,今烟台、威海一带的人多是由海路出发,因此,他们定居在辽东半岛南部和鸭绿江口附近的也特别多。今天辽宁自大连至丹东一带的方言,还与山东方言非常接近,就是这个原因。而山东西部地区的流民更多的是走陆路,出山海关,再走向他们心目中的"关东"大地。

海路如果运气好的话,利用季风,一晚上就能抵达辽东半岛;如果运气不好,遇到风向转变或者风浪,则有可能飘至朝鲜半岛甚至日本,也有的直接被风浪掀翻在海中,命丧途中。走陆路同样要冒很大的风险,当时四处都在闹饥荒,从山东到关东的旅途并不太平,土匪、兵祸随时都有可能威胁到那些"闯关东"的人们。少得可怜的路费花光了,就只能沿路乞讨。相传胶州大秧歌就源于"闯关东"人的沿路乞讨。

相传,胶州市一个小屯子里,有马、赵两户人家,他们以卖包烟为生,但是由于严重的天灾人祸,生活难以维持,只好决定"闯关东"。在逃荒的路上,由于没有路费,他们沿路乞讨,后来改为"唱门子",由父亲背着腰鼓,儿子舞打狗棍,母亲背翠花包,儿媳、孙子则拿团扇、彩巾做些简单的道具,一边舞蹈一边唱民歌小调。他们靠此一路讨饭到了东北。12年后,他们又以同样的方式回到了山东老家。后来人们就把这种边舞边唱的方式加以发扬光大,形成了著名的胶州大秧歌。

以"闯关东"的形式进入东北的移民数量众多。根据葛剑雄在其《中国移民史》中的研究,辽宁地区在1851年仅有人口258万,但是,到1897年就已经增长到496万,再到1908年,达到1100万。除去土著的人口增长以外,从1897年到1908年的10年间,移民人口就增长了500万。

吉林地区1820年的总人口只有56.7万,但到1911年,不到一个世纪时间，已经达到553.8万。按当时的人口自然增长率来估算，靠当地居民的人口自然增长，也只能达到132万左右，因此，迁入吉林地区的移民及其后裔应该达422万之多。

大体而言，清末进入东北地区的移民及其后裔，总数当突破1000万。从清初封禁的百万移民到清末放垦的千万移民，“闯关东”成为中国移民史上的重要篇章。

由于明代以后中原地区普遍呈现出地狭人稠的特点，这一时期中国的移民主要就是由中原地区迁往人口密度相对较低的边疆地区，“闯关东”可以说是这种走向边疆类型移民的典型。与之类似的大规模移民活动还有“走西口”。

“走西口”，指的是清朝和民国年间，以山西为主的西部贫苦百姓，向西迁移至长城以北的内蒙古中西部地区的移民活动。

“闯关东”的“关”，非常明确，指的是山海关。但是“走西口”的“口”指哪里，学界却一直没有统一的说法。通常所说的“西口”，是指位于山西省朔州市右玉县西北部的杀虎口。

所谓“口”，原是指明朝中期以后在长城沿线开放的蒙汉互市关口，如张家口、喜峰口等等，后来演变成对蒙贸易的关卡。明末清初时，山西商人习惯上称河北张家口为“东口”，大同以西的杀虎口为“西口”。乾隆中后期，“西口”逐渐专指商民往来、交易日盛的归化城（今内蒙古呼和浩特市）。咸丰、同治年间，随着大量民众的出“口”，不同地区的人们对“西口”都有了自己的定义。慢慢地，除杀虎口、归化城外，从张家口往西，山西、陕西、甘肃等地通往内蒙古西部的通道隘口均被泛称为“西口”。所以，凡是从杀虎口以西长城沿线的各关口进入内蒙古草原地区的活动，都被统称为“走西口”。

“走西口”的历史甚至可以上溯至明朝。清入主中原之后非常重视与蒙古的联系，清朝初年，为了巩固后方，为了防止蒙汉联合，清廷采取隔离蒙汉的政策，严格限制汉人进入蒙古地区开垦荒地。但是，即使在清政府的严厉封禁政策下，在沉重的赋税、战乱、灾荒等巨大生存压力之下，仍有个别人咬牙“走西口”。但敢于这样冒险的人毕竟是少数,而且他们多是“春种秋收”的季节性移民,并未在口外长期定居。

“走西口”浪潮正式形成应该是在清朝康熙至乾隆年间,此时的封禁令实际上已逐渐废弛。由于中原地区人口的急剧增加,人地矛盾越来越严重,无地或少地的农民为了维持生计,开始大量到口外边疆开垦荒地。鉴于实际情况,清政府对蒙古地区的封禁政策逐渐演变成“借地养民”政策,封建统治者也希望借此来缓解中原地区的人口压力。由此出现了“走西口”的第一个高峰期。

“走西口”的另一个高峰期是从光绪年间一直持续到1936年。光绪年间,清政府的统治已经进入风雨飘摇时期,为了筹集军费,支付战争赔款,同时抵御外国尤其是沙俄对边疆地区的侵略,清政府对蒙古地区实行全面放垦,鼓励口内百姓到口外谋生。而后北洋政府和国民政府为了从广大移民身上征收各种杂税,也大力支持移民。与此同时,口内频发的自然灾害和战乱也迫使贫苦农民又一次大规模地走出西口,去口外谋生。

“走西口”的人一般是通过杀虎口进入和林格尔(今呼和浩特市区东南)、清水河(今呼和浩特市南部、黄河东岸),然后到土默特平原(今河套平原的一部分)。另有一部分人向东,过大同,由张家口出关,进入蒙古草原。

由于大量人口的迁入,自雍正末年开始,陆续在山西口外设置了丰镇厅和宁远厅。清水河一带,因口内近长城各州县人民前来垦殖,到乾隆初期的十几年间,“民人寄寓者达十几万人”。到1920年前后,由内地来河套的移民越来越多,除山西人外,还有来自河北、山东、河南等省的移民。

清朝末年,由于《辛丑条约》签订,山西地区分摊了战争赔款的重要部分,巡抚岑春煊无力筹集,于是上书要求放垦山西口外的蒙古牧地,得到清政府的批准。这次放垦几乎包括了热河以西所有的蒙古草原地区。民国年间,尤其是1920年前后,移民越来越多,到1930年前后,绥远人口已经达到203.3万,察哈尔地区更是达到265.4万。

说到“走西口”,我们还应该提到在历史上非常有名的晋商,这一充满传奇色彩的群体就是在"走西口"的过程中逐渐发展起来的。许多山西人凭借地利之便到口外经商,他们通过自己的勤俭节约、吃苦耐劳,逐渐成为富商大贾。电视剧《乔家大院》的主人公就是这一群体的典型代表。晋商的崛起其历史作用是巨大的。比如,归化城和包头的兴起,就都要归功于晋商。现在包头市还流传着"先有复盛公,后有包头城"的说法。

复盛公是山西商人乔贵发的商号的名称。相传,乾隆年间,乔贵发与一位姓秦的老乡结伴"走西口",靠着老乡的引荐,他在一家当铺做伙计。两人辛辛苦苦干了10年,积攒了一些积蓄后,辞去了伙计的工作,在包头开了一家草料铺,接待往返的商人小贩,顺便经营一些杂货。后来,他们扩大了店面,开设了"广盛公"商号。到嘉庆年间,"广盛公"在做一笔生意时栽了一个大跟头,在同行的帮助下才死里逃生。三年后,乔、秦两家共同投资,改"广盛公"为"复盛公",数年之后,复盛公商号已雄踞包头商界之首。道光以后,由于秦家子弟骄奢淫逸,复盛公逐渐成为乔家的独资生意。此后,"复字号"在包头乃至蒙古地区作为一个庞大的连锁集团,一直在商界独占鳌头,为包头及蒙古地区的发展作出了巨大贡献。

以"闯关东"、"走西口"为代表的面向边疆地区的移民,一方面有力地促进了中国边疆地区的发展,但是在另一方面,我们也应该注意到,这些移民填满了中国境内最后可以容纳移民的空间,使中国境内的人口问题进一步加剧。尤其值得一提的是,走向边疆的中原移民,特别是进入蒙古草原的移民,往往是在不适宜进行农垦的地区,习惯性地从事他们所熟悉的农业生产,不经意间,使自然资源受到严重的破坏。中国近代以来对自然资源的破坏越来越严重,以至我们今天不得不承受资源破坏所带来的深重压力,这不能不说是原因之一。

结 语

随着亚欧大陆人口密度的增加,在我们称之为古代的历史时期临近结束的时候,已经没有足够的空间供人类进行成族群的迁徙了。国家疆界的明确以及主权概念的强化,也逐渐成为跨越国境的移民的人为障碍。欧亚大陆上的迁徙浪潮逐渐趋于停滞,各民族也都渐渐地习惯于在自己世世代代生息的地方继续繁衍,对于此外的世界,他们既一无所知,也没有兴趣去探求。族群的凝滞最终导致了文化的停滞,欧亚大陆核心地带的发展活力正在消失。

然而,当人类已经基本占据了陆地的所有空间之后,他们将目光转向了海洋,于是开始了另一种迁徙和移民——跨越海洋的迁徙和向海外的移民。

也许,人类跨越海洋的迁徙和向海外的移民,与他们在欧亚内陆的迁徙历史同样悠久。

自西向东的迁徙,我们可以举出远古时期自印度次大陆向印度尼西亚群岛的移民,这些移民给东南亚各海岛的文化深深地打上了印度文化的烙印,甚至“印度尼西亚”这一名称本身就与印度有关;比较晚近的例子还有波斯人、阿拉伯人的跨海东来,他们将伊斯兰教传入东南亚各地,以及中国东南沿海地区。而自东向西的迁徙,远古时期可能就已经出现了东南亚岛民向东非马达加斯加的迁徙,甚至有学者将非洲居民分为4个种系,其中之一就是来自东南亚的马来人。

明清两代的闭关锁国使我们往往忽略了,中国人面向海洋的开拓也开始得相当之早。《汉书 · 地理志》中已经记载着自今广东出海,至东南亚各地,再赴印度次大陆的航线——很可能中国古人就是这一航线的开辟者。每当中国内乱时,也有大量移民避居海外。在历史上,至少存在过两次中国人迁往日本列岛的高潮。宋代以后,随着中国商人逐渐取代波斯商人、阿拉伯商人,成为贯通东亚与西亚、东非航线上的主导力量,中国人也在大量移居东南亚各地。到郑和下西洋时,他的随员们就已经记录下,在东南亚存在的许多中国移民聚居的地方。从这些记载来看,当时的中国移民已经成为开发东南亚的最重要的力量。

但是,东南沿海的倭乱以及清初台湾的抗清势力,使中国的掌权者渐渐地厌倦了海洋。虽然郑和的航海几乎在所有领域都展示出远远领先于世界的先进水平,此后中国人却再也没有进行过这样的远航。

尽管现在不断有学者推测,最早发现美洲的可能是中国人,但不可否认的事实却是,在郑和以后,中国的航海事业处于衰落之中。值得我们深思的是,作为中国航海事业达到顶峰的标志性人物的郑和,出自云南回族,是元代来自西域的赛典赤·瞻思丁的后代,即他本身就是移民后裔,而且他的祖父和父亲还都曾经前往麦加朝觐。

不论是否曾经有中国人在哥伦布之前登陆美洲,1492 年哥伦布发现美洲导致了人类移民史的一个新时代,却是不争的事实。包括哥伦布在内的欧洲航海家们,其探险的目的原本都是要寻找一条通往中国的新航线,以绕开控制陆路东西交通的奥斯曼土耳其帝国,他们也未曾料到的是,这一“地理大发现”最终改变了欧洲的历史命运,也改变了世界格局。

在漫长的古代,欧洲在大多数时间里不过是亚欧大陆西端的一个大大的半岛,是地处荒僻的文明边缘地区。可是,当欧洲将自己的命运与其新发现的美洲连接在一起之后,大西洋成为欧洲、美洲环抱下的“内海”,欧洲人发现了一个全新的世界,也发现了属于他们的全新的发展空间,从此掀起了一个欧洲人向海外移民的热潮。

这一次移民热潮在使欧洲加速发展并成为世界中心的同时,也给世界大多数地区造成了灾难性后果。美洲的旧主人印第安人可能是受难最为深重的,这个广布美洲大陆的族群,在欧洲人的残酷屠杀之下,迅速濒临种族毁灭的边缘。亚欧大陆的古老文明中心也无一能够从这场灾难中幸免,奥斯曼土耳其帝国被西方列强瓜分,印度次大陆成为英国的殖民地,而中国则成为列强染指的半殖民地。

越过纯净海洋的移民竟然满载着罪恶,将非洲黑奴贩往美洲的海船，也许是这段历史的另一位见证人。

由于文化的差异，更由于对资源的争夺，古代移民史也往往伴随着战争与杀戮，在这一点上，斥亚非古老民族为野蛮人的欧洲近代“文明人”，其做法竟然比这些他们眼中的野蛮人还要野蛮。

相对于数千年的古代史而言，数百年的近代是短暂的，但在此期间移民所造成的影响，却并不弱于古代的数千年。今天我们还能看到的一系列移民国家，都是此时期的产物。经过200多年的发展，移民国家的典型美国，竟然成为当今主导世界局势的力量，移民对人类历史与现实的影响，在此得到了最完美的诠释。

不管出于何种无奈的原因，能够背起行囊离开其生长的故土，走向陌生的地方的人，毕竟是有胆识、有魄力的。我们应该承认，这种勇于挑战未知世界的创新精神和勇气，一直是人类发展进步的原动力之一。在历史上，迁徙后的族群经常会在远离故乡的地方获得意外的发展，其原因恐怕也在于此。

在交通、通信非常发达的现代，为追求发展而必须远离故土的移民，似乎不再是应对人生挑战的唯一选择，我们可以周游世界去追逐机遇，却将家始终安扎在我们的故土。但是，在历史上移民们所表现出来的这种勇于面对挑战的创新精神，却仍旧是激励我们开拓进取的动力。

看移民史，看到的不应仅仅是战争与杀戮，更应看到勇气与希望！

参考文献

（以作者姓氏拼音为序，不包括原始文献）

著作：

[1]〔波斯〕阿里·阿克巴尔. 中国纪行. 张至善，编译. 北京：生活·读书·新知三联书店，1988.

[2]〔苏〕巴托尔德. 中亚突厥史十二讲. 罗致平，译. 北京：中国社会出版社，1984.

[3]白寿彝. 中国通史. 上海：上海人民出版社，1995.

[4]〔法〕伯希和. 蒙古与教廷. 冯承钧，译. 北京：中华书局，1994.

[5]曹文柱. 中国社会通史·秦汉魏晋南北朝卷. 太原：山西教育出版社，1996.

[6]陈海涛，刘慧琴. 来自文明十字路口的民族：唐代入华粟特人研究. 北京：商务印书馆，2005.

[7]陈尚胜. 五千年中外文化交流史. 北京：世界知识出版社，2002.

[8]陈序经. 匈奴史稿. 北京：中国人民大学出版社，2007.

[9]程妮娜. 东北史. 长春：吉林大学出版社，2001.

[10]〔瑞典〕多桑. 多桑蒙古史. 冯承钧，译. 北京：中华书局，2004.

[11]盖山林，盖志浩. 远去的匈奴. 呼和浩特：内蒙古人民出版社，2008.

[12]〔苏〕格列科夫，雅库博夫斯基. 金帐汗国兴衰史. 北京：商务印书馆，1985.

[13]葛剑雄. 中国人口史. 上海：复旦大学出版社，2005.

[14]葛剑雄. 中国移民史. 福州：福建人民出版社，1997.

[15]韩光辉. 北京历史人口地理. 北京：北京大学出版社，1996.

[16]韩世明.辽金生活掠影.沈阳:沈阳出版社,2002.

[17]韩香.隋唐长安与中亚文明.北京:中国社会科学出版社,2006.

[18]何芳川,万明.古代中西文化交流史话.北京:商务印书馆,1998.

[19]何芳川.古今东西之间:何芳川讲中外文明.桂林:广西师范大学出版社,2008.

[20]黄维民.奥斯曼帝国.西安:三秦出版社,2000.

[21]江天蔚.两汉与匈奴关系.西安:陕西人民出版社,1991.

[22]〔波斯〕拉施特.史集.余大钧,译.北京:商务印书馆,1986.

[23]〔法〕勒内·格鲁塞.草原帝国.蓝琪,译.北京:商务印书馆,1998.

[24]李吉和.先秦至隋唐时期西北少数民族迁徙研究.北京:民族出版社,2003.

[25]林干.突厥与回纥史.呼和浩特:内蒙古人民出版社,2007.

[26]林干.匈奴通史.北京:人民出版社,1986.

[27]林干.中国古代北方民族通论.呼和浩特:内蒙古人民出版社,2007.

[28]林樾.帝国的崛起与没落.北京:北京理工大学出版社,2009.

[29]刘小萌.清代北京旗人社会.北京:中国社会科学出版社,2008.

[30]刘子扬.清代地方官制考.北京:紫禁城出版社,1988.

[31]罗旺扎布,德山,胡泊,等.蒙古族古代战争史.北京:民族出版社,1992.

[32]马长寿.北狄与匈奴.北京:生活·读书·新知三联书店,1962.

[33]纳忠.阿拉伯通史.北京:商务印书馆,1997.

[34]〔美〕尼古拉·梁赞诺夫斯基,马克·斯坦伯格.俄罗斯史.上海:上海人民出版社,2007.

[35]〔英〕帕刻. 匈奴史. 向达,译. 北京:商务印书馆,1934.

[36]〔韩〕任桂淳. 清朝八旗驻防兴衰史. 北京:生活·读书·新知三联书店,1993.

[37]荣新江. 中古中国与外来文明. 北京:生活·读书·新知三联书店,2001.

[38]邵维国,张竹云. 罗马帝国的不速之客:日耳曼民族大迁徙. 长春:长春出版社,1995.

[39]〔日〕斯波义信. 宋代江南经济史研究. 何忠礼,译. 南京:江苏人民出版社,2001.

[40]〔美〕斯塔夫里阿诺斯. 全球通史:从史前史到21世纪. 董书慧,王昶,徐正源,等,译. 北京:北京大学出版社. 2005.

[41]〔美〕斯坦福·肖. 奥斯曼帝国. 许序雅,张忠祥,译. 西宁:青海人民出版社,2006.

[42]佚名. 中国印度见闻录. 穆根来,汶江,黄倬汉,译. 北京:中华书局,1983.

[43]孙成木,刘祖熙,李建. 俄国通史简编. 北京:人民出版社,1986.

[44]孙晓芬. 清代前期的移民填四川:四川人的祖先来自何方. 成都:四川大学出版社,1997.

[45]〔美〕W. M. 麦高文. 中亚古国史. 章巽,译. 北京:中华书局,2004.

[46]王柏灵. 匈奴史话. 西安:陕西人民出版社,2004.

[47]王怀德,郭宝华. 伊斯兰教史. 银川:宁夏人民出版社,1992.

[48]王介南. 中外文化交流史. 太原:书海出版社,2004.

[49]王明珂. 游牧者的抉择. 桂林:广西师范大学出版社,2008.

[50]王小甫,范恩实,宁永娟. 古代中外文化交流史. 北京:高等教育出版社,2006.

[51]王治来. 中亚史纲. 长沙:湖南教育出版社,1986.

[52]王宗维. 西戎八国考述. 西安:三秦出版社,1987.

[53]王族. 上帝之鞭:成吉思汗、耶律大石、阿提拉的征战帝国. 桂林:广西师范大学出版社,2007.

[54]翁独健. 中国民族关系史纲要. 北京:中国社会科学出版社,1990.

[55]〔美〕希提. 阿拉伯通史. 马坚,译. 北京:商务印书馆,1979.

[56]向达. 唐代长安与西域文明. 重庆:重庆出版社,2009.

[57]邢莉,易华. 草原文化. 沈阳:辽宁教育出版社,1998.

[58]徐黎丽. 突厥人变迁史研究. 北京:民族出版社,2008.

[59]许海山. 亚洲历史. 北京:线装书局,2006.

[60]许倬云. 西周史. 北京:生活·读书·新知三联书店,1995.

[61]薛宗正. 北庭春秋:古代遗址与历史文化. 乌鲁木齐:新疆人民出版社,2006.

[62]薛宗正. 突厥史. 北京:中国社会科学出版社,1992.

[63]杨怀中. 回族史论稿. 银川:宁夏人民出版社,1991.

[64]杨建新. 中国西北少数民族史. 银川:宁夏人民出版社,1988.

[65]杨军,吕净植. 鲜卑帝国传奇. 北京:中国国际广播出版社,2008.

[66]杨军,张乃和. 东亚史. 长春:长春出版社,2006.

[67]杨丽丽,林玉琳,李输,等. 历史上的大移民. 北京:中国时代经济出版社,2009.

[68]杨万娟. 汉江缘. 武汉:湖北人民出版社,2006.

[69]杨志玖. 元代回族史稿. 天津:南开大学出版社,2003.

[70]姚薇元. 北朝胡姓考. 北京:中华书局,2007.

[71]〔阿拉伯〕伊本·胡尔达兹比赫. 道里邦国志. 宋岘,译注. 北京:中华书局,1991.

[72]义都合西格. 蒙古民族通史. 呼和浩特:内蒙古大学出版社,2003.

[73]佚名. 蒙古秘史. 余大钧,译注. 石家庄:河北人民出版社,2001.

[74]瀛云萍.八旗源流.大连:大连出版社,1991.

[75]余太山.20世纪内陆欧亚古代史研究.福州:福建人民出版社,2005.

[76]余太山.古族新考.北京:中华书局,2000.

[77]余太山.塞种史研究.北京:中国社会科学出版社,1992.

[78]余太山.哌哒史研究.济南:齐鲁书社,1986.

[79]〔英〕约翰·曼.上帝之鞭阿提拉:挑战罗马帝国的匈人王.北京:国际文化出版公司,2008.

[80]张弛.漂泊的狼旗:一支古罗马军团在中国的归宿.兰州:敦煌文艺出版社,2009.

[81]张国刚,吴莉苇.中西文化关系史.北京:高等教育出版社,2006.

[82]张国雄.明清时期的两湖移民.西安:陕西人民出版社,1995.

[83]张金奎.匈奴帝国传奇.北京:中国国际广播出版社,2007.

[84]张星烺.中西交通史料汇编.朱杰勤,校订.北京:中华书局,2003.

[85]张云.上古西藏与波斯文明.北京:中国藏学出版社,2005.

[86]〔伊朗〕志费尼.世界征服者史.何高济,译.呼和浩特:内蒙古人民出版社,1980.

[87]钟侃,吴峰云,李范文.西夏简史.银川:宁夏人民出版社,2001.

[88]竺可桢.竺可桢文集.北京:科学出版社,1979.

论文:

[1]蔡鸿生.唐代九姓胡供品试析.文史,第31辑.

[2]程越.入华粟特人在唐代的商业与政治活动.西北民族研究,1994(1).

[3]程越.粟特人在突厥与中原交往中的作用.新疆大学学报,1994(1).

[4]丁克家.唐代中国与大食的军事冲突及文化交流.阿拉伯世界,1990(1).

[5]段连勤.犬戎历史始末述:论犬戎的族源、迁徙及同西周王朝的关系.民族研究.1989(5).

[6]郭友亮.论唐代外国商人来华贸易的原因及影响.商丘职业技术学院学报,2008(3).

[7]韩光辉.清代北京八旗人口的演变.人口与经济,1987(2).

[8]何光岳.郁夷、大月氏的来源和迁徙.新疆社会科学,1986(5).

[9]黄靖.大月氏的西迁及其影响.新疆社会科学,1985(2).

[10]贾丛江.回鹘西迁诸事考.西域研究,2001(4).

[11]康亚军.羯族西域月氏说商榷.青海民族研究,2007(4).

[12]康亚军.十六国时期羯族若干问题考述.喀什师范学院学报,2008(2).

[13]李刚.纳粹之梦:永远的雅利安.世界博览,2003(12).

[14]刘庆相,王元清.满族人口的发展及其构成特征.人口与经济,1991(3).

[15]刘庆相.略谈满族人口的历史演进及其特征.人口学刊,1995(5).

[16]刘锡涛.隋唐时期西域人的内迁及其影响.喀什师范学院学报,2004(1).

[17]刘迎胜.察合台汗国疆域与历史沿革研究.中国边疆史地研究,1993(3).

[18]陆玉华.八旗驻防促进了汉满文化交流.辽宁大学学报,1992(3).

[19]马协弟.浅论清代驻防八旗.社会科学战线,1986(3).

[20]潘洪钢.清代驻防八旗与当地文化习俗的互相影响:兼谈驻防旗人的族群认同问题.中南民族大学学报,2006(3).

[21]潘洪钢.由客居到土著:清代驻防八旗的民族关系问题研究.黑龙江民族丛刊,2006(1).

[22]彭建英.论汉匈关系的演变.西北民族学院学报,1999(4).

[23]芮传明.五代时期中原地区粟特人活动探讨.史林,1992(3).

[24]〔日〕森安孝夫.关于回鹘的西迁.民族译丛,1980(1).

[25]宋晓东.回鹘西迁后生产方式的转变及对后世的影响.殷都学刊,2007(3).

[26]苏北海.大月氏的西迁及其活动.新疆大学学报,1989(2).

[27]田光炜."湖广填四川"的移民过程.四川师范学院学报,1981(2).

[28]田庆锋.钦察汗国与蒙元大汗廷之关系新论.广西社会科学,2005(12).

[29]田庆锋.钦察汗国之疆域及其历史变迁:钦察汗国与蒙元时期之中西交通研究之一.喀什师范学院学报,2004(4).

[30]吐尔逊·皮达库.怛罗斯之战与造纸术西传.阿拉伯世界,1996(2).

[31]王红.论西汉初期的汉匈关系.四川教育学院学报,1999(4).

[32]王思治,吕元骢.甲申之变与清军入关.清史研究,1994(2).

[33]吴于廑.世界历史上的游牧世界与农耕世界.云南社会科学,1983(1).

[34]吴于廑.吴于廑谈世界历史上的游牧世界与农耕世界.世界历史,1983(1).

[35]徐良利.论伊儿汗国建立前蒙古人在中亚和西亚的征服和统治.衡阳师范学院学报,2009(4).

[36]薛方昱.玁狁考辨.西北民族研究,1988(2).

[37]薛宗正.回鹘西迁新考.新疆大学学报,1996(4).

[38]薛宗正.突厥始祖传说发微:论阿史那氏到突厥族的历史演变.新疆社会科学,1987(1).

[39]杨建新.论戎族.西北史地,1984(1).

[40]张静.论西汉前期汉匈关系的变化.乐山师范学院学报,2009(6).

[41]竺可桢.中国近五千年来气候变迁初步研究.考古学报,1972(1).

后 记

移民史一直是我非常喜欢的一个领域，因此，在我主讲“中外关系史”这门课之后，备课时就特别关注历史上的移民问题，这也是我课堂讲授的重要内容之一。但是，我毕竟没有从事过这一领域的研究，本书的内容都是依据学界前辈的研究成果而编，我所做的工作充其量也只是整理而已。如果说本书的内容尚有可取之处，那我要说，这都应归功于学界同仁们那些精深的专门研究；如果说本书中存在缺点与错误，我想，那多半都是我在编写过程中的粗心所导致的。

需要说明的是，在本书的编写过程中，我的学生张松、王冰冰做了大量的工作，并撰写了本书的部分章节。移民史对于我来说也是一个“陌生的地方”，在我走向这个陌生的地方的过程中，如果没有他们的大力协助，本书的完成恐怕根本是不可能的事情。虽然限于合同我不能在本书的作者中添加他们的名字，但我希望提醒各位读者，不要忘记他们辛勤的劳动。

最后，对本书的缺点与不足，尚请读者批评指正，并谅解。

杨　军

2011 年元月于闲置斋